"互联网+"背景下大学生
创新创业教育理论与实践研究

林晓筱 著

延边大学出版社

图书在版编目（CIP）数据

"互联网＋"背景下大学生创新创业教育理论与实践研究 / 林晓筱著. -- 延吉：延边大学出版社,2023.4
 ISBN 978-7-230-04811-8

Ⅰ.①互… Ⅱ.①林… Ⅲ.①互联网络－应用－大学生－创造教育－研究 Ⅳ.①G640-39

中国国家版本馆CIP数据核字(2023)第075370号

"互联网＋"背景下大学生创新创业教育理论与实践研究

著　　者：林晓筱
责任编辑：娄玉敏
封面设计：文合文化
出版发行：延边大学出版社
社　　址：吉林省延吉市公园路977号　　　邮　　编：133002
网　　址：http://www.ydcbs.com　　　E-mail：ydcbs@ydcbs.com
电　　话：0433-2732435　　　传　　真：0433-2732434
印　　刷：三河市嵩川印刷有限公司
开　　本：710×1000　1/16
印　　张：11.5
字　　数：210 千字
版　　次：2023 年 4 月 第 1 版
印　　次：2023 年 4 月 第 1 次印刷
书　　号：ISBN 978-7-230-04811-8

定价：60.00元

前　言

在知识经济全球化的大背景之下，国家之间的竞争日益激烈，而一个国家国民的创新创业能力在很大程度上决定其能否在激烈的国际竞争中脱颖而出。目前，创新创业教育在我国高校范围内普遍开展，已经成为高校教育改革的新方向。

创业是在当前就业困难的环境下，推动经济发展的重要手段。大学生具有丰富的理论知识，开阔的眼界，是创新创业大军的重要组成部分。

本书共六章，第一章是对创业的概述，第二章主要介绍大学生创业及"互联网＋"背景下的创新创业教育，第三章主要论述了"互联网＋"背景下大学生创新创业教育的基本认识，第四章论述了"互联网＋"背景下大学生创新创业教育的协同机制，第五章就"互联网＋"背景下大学生创新创业教育的多维思考展开论述，第六章以北京航空航天大学、中国人民大学、上海交通大学、西安交通大学为例，介绍了国内大学生创新创业教育的实践内容。

笔者在撰写本书的过程中，得到了许多专家学者的帮助和指导，在此表示诚挚的谢意。由于笔者水平有限，加之时间仓促，书中所涉及的内容难免有疏漏之处，希望各位读者多提宝贵意见，以便笔者进一步修改，使之更加完善。

林晓筱

2023 年 1 月

目　　录

第一章　创业概述 1

　　第一节　创业及创业精神 1
　　第二节　创业的基本要素 8

第二章　大学生创业及"互联网＋"背景下的创新创业教育 47

　　第一节　大学生创业 47
　　第二节　"互联网＋"背景下的创新创业教育 58

第三章　"互联网＋"背景下大学生创新创业教育的基本认识 81

　　第一节　大学生创新创业教育相关概念及理论依据 81
　　第二节　"互联网＋"背景下大学生创新创业教育存在的问题 91
　　第三节　"互联网＋"背景下大学生创新创业教育改进建议 93

第四章　"互联网＋"背景下大学生创新创业教育的协同机制 102

　　第一节　"互联网＋"背景下大学生创新创业教育
　　　　　　协同机制的设计 102
　　第二节　"互联网＋"背景下大学生创新创业教育
　　　　　　协同机制的运行 112

第三节 "互联网＋"背景下大学生创新创业教育
        协同机制的保障 124

第五章 "互联网＋"背景下关于大学生创新创业教育的多维思考 132

第一节 "互联网＋"背景下大学生诚信教育与诚信创业 132

第二节 "互联网＋"背景下大学生创新创业教育
        与专业教育的融合 150

第三节 "互联网＋"背景下大学生创新创业教育新模式 156

第六章 "互联网＋"背景下国内大学生创新创业教育实践 162

第一节 北京航空航天大学创新创业教育实践 162

第二节 中国人民大学创新创业教育实践 167

第三节 上海交通大学创新创业教育实践 169

第四节 西安交通大学创新创业教育实践 171

参考文献 175

第一章 创业概述

第一节 创业及创业精神

一、创业

（一）创业的定义和特征

1. 创业的定义

一般而言，创业是凸显人主体地位的社会实践活动，是人借助服务、技术、工具等自身拥有的资源，从事社会生产的一种劳动方式。创业的定义有广义和狭义两种：广义的创业指各行各业的人为了创造价值、成就事业而进行创造性的社会实践活动，其功能指向成就国家、集体和群体的大业，凸显主体独有的理念、能力和行动等；狭义的创业是经济学领域的概念，是主体为了解决就业或创造经济价值或社会价值而成立一定规模的企业，专门供应某项物质产品或服务的经济活动。

笔者认为，创业是人类在社会生产实践中，通过自身敏锐的洞察力发现商机，并据此成为商业主体，创造出新的产品或服务，充分发挥其潜在价值的复杂的实践活动。

2. 创业的特征

创业的特征有以下四个。

（1）复杂的创造过程

创业活动开创的新事业必须是对个人和社会都具有价值的，否则创业活动将毫无意义。

（2）需要付出巨大努力

创业活动要成功，需要创业者花费大量的时间、精力和体力。因为在大多数情况下，创业初期都非常艰苦。

（3）需要承担一定风险

创业面临的风险表现形式各不相同，主要涉及资源、市场、财务、技术等方面，创业者要有一定的魄力和胆识。

（4）预期会带来回报

创业活动预期会带来的回报包括精神和物质两个方面，这是创业者开展创业活动的主要原因，也是其在创业活动中奋勇向前的动力。

由此可见，创业是主体发现商机，借助已经掌握的信息、资源、技术等，利用一定方法和手段，在现有基础上创造出新的产品或服务，最终实现创业目标的实践过程。

（二）创业的重要意义

1.社会角度

从社会角度来看，创业能够推动技术创新，促进国家经济发展，在创造物质财富、带来巨大经济效益的同时，还能增加就业机会，提升整体就业率，有效缓解就业压力。另外，创业活动在促进我国创新教育改革发展、培养社会急需的创新型人才等方面意义重大，能为创业教育活动提供更大的实践平台。

对社会而言，创业具体的意义和作用表现在四个方面：一是增加经济效益，提高经济发展水平；二是拓展就业渠道，缓解就业压力；三是推动科技和经济发展，提高社会整体创新能力；四是带动区域经济发展。

2.个人角度

从个人角度来看，创业需要付出巨大努力，会面临不同的困难和风险，这些考验会不断促进个人思维和实践能力的提升。对个人而言，创业的意义主要有以下几点。

第一，创业可以满足生存需求，获得经济回报。

第二，创业有利于实现个人价值和社会价值。选择自主创业是为了通过这一途径证明个人能力。创业者可发挥个人才能，通过影响一部分人实现自我价值，得到社会认可。

第三，在当今时代，自主创业的人越来越多。创业逐渐成为很多人就业的重要选择。

（三）创业的类型

创业可依据不同标准进行多层面划分。划分创业类型的目的是帮助主体对不同创业决策进行对比，找出最适合的创业类型。

创业具体可从以下层面进行划分。

第一，从创业动机划分，创业包括机会型创业和生存型创业两种。

第二，从企业建立渠道划分，创业包括自主型创业和企业内创业两种。前者是创业个人或团体从零开始创造新的公司；后者是已经发展成熟、步入正轨的企业为了获得更好的发展，刺激创新或使创新成果转化为现实生产力，利用授权或物质支持等方式进行创业。

第三，从主体划分，创业包括大学生创业、失业者创业、退休者创业、辞职者创业等。

第四，从项目性质划分，创业包括传统技能型创业、高新技术型创业、体力服务型创业、知识服务型创业等。

第五，从承担风险划分，创业包括依附型创业（依附大企业、产业链或进行品牌加盟）、尾随型创业（模仿他人成功经验）、独创型创业（填补市场内容或形式空白）、对抗型创业（对抗垄断企业）等。

第六，从周期长短划分，创业包括初始创业（从无到有）、二次创业（成熟期再创业）、连续创业（初始创业到二次、三次创业）等。

（四）创业的基本阶段

创业一般包括以下四个阶段。

1.识别与评估市场机会

（1）创业机会的识别

在市场缺失情况下，有创业思想的创业者会嗅到创业机会。创业机会的识别是创业过程中最基础的一步。

（2）市场信息的收集与调查

观察法是最简单的信息收集方法，创业者可观察潜在客户的行为或反应，收集所需信息，也可观察行业先进者的行为，获取必需的经验。通过观察法获取的信息较为客观，具有一定的真实性，但很难据此了解用户的真正需求。面谈法指与潜在客户面对面交谈的方法。在面谈中，创业者能较容易地获得所需信息。创业者应根据所处的环境，灵活采用谈话技巧，使交谈顺利进行。此外，创业者也常常采用电话询问法与网络问卷法进行市场信息的收集与调查。

（3）创业环境综合分析

SWOT 分析法是创业者进行机会评估的重要方法之一。其中，S 是优势（strength）、W 是劣势（weakness）、O 是机会（opportunity）、T 是威胁（threats）。按照企业竞争战略的完整概念，战略应是一个企业"能够做的"（即组织的强项和弱项）和"可能做的"（即环境的机会和威胁）的有机组合。运用 SWOT 分析法，可以对研究对象所处的情景进行全面、系统、准确的研究，从而根据研究结果制定相应的发展战略、计划以及对策等。对创业环境进行综合分析，主要是评估创业环境的优势和劣势、机会和威胁，进而对创业环境进行深入、全面的评估。

2.撰写创业计划书

（1）创业计划书的内容

风险投资公司会收到各式各样的创业计划书，为了确保创业计划书能引起风险投资者的注意，创业者必须准备充分。创业计划书一般包括以下内容：创业公司摘要、创业公司业务描述、产品或服务介绍、收入与竞争情况、团队管理状况、财务预测、资本结构等。

（2）创业计划书的撰写

整个创业计划书应有一个精彩的概要，用以吸引投资者的注意力。撰写创业计划书要写清楚收益、成本及风险等内容。撰写创业计划书的最主要目的是吸引投资者，使他们产生兴趣。另外，在寻找投资者之前，需要做好市场调查，了解投资者的基本情况，以便更细致地呈现投资者感兴趣或者关心的内容。

3.获取创业资金

（1）一般融资方式

一般融资方式包括银行贷款、股票筹资、债券融资、融资租赁等。

银行贷款是企业最主要的融资渠道。根据资金性质，银行贷款可分为流动资金贷款、固定资产贷款和专项贷款三类。

一般来说，大型企业会采用发行股票的方法进行筹资，这种方法的风险相对较低，且有助于企业经营机制的转换。

通过发行有价债券进行融资的创业公司，一般要经过法定程序，并承诺在规定期限内连本带息一起偿还融资。在对该企业进行破产清算时，作为债权人的投资企业享有剩余资产优先分配权，并且对债券具有自由转让处理的权利。

融资租赁将融资与融物相结合，兼具金融与贸易的双重职能，能提高企业的融资效益，促进创业企业技术进步。融资租赁包括直接购买租赁、售后回租以及杠杆租赁等。

（2）风险投资

股权融资是创业者用未来企业部分股权换取投资的一种融资方式，如风险投资。近年来，风险投资逐渐为创业者所熟悉。在风险投资支持下，企业成功发展的案例激发了无数创业者的激情。

4.管理新创企业

（1）企业法律组织形式

在创建新企业之前，创业者应该事先确定企业的法律组织形式，一个新创企业可以选择不同的组织形式，但无论选择哪种形式，都必须科学衡量各种组织形式的优点和不足。

（2）企业组织结构

企业的组织结构主要分为职能制、直线制、直线-职能制、事业部制等。

在职能制企业中，相关管理责任与职权并不是由主管直接负责的，而是分配给设立的相应职能机构。这些职能机构在职责范围内，有权利指挥自己的下属行政单位。

直线制是在企业中最早出现的，也是复杂程度最低的组织结构。采用该组织结构的企业各级组织之间是直接领导的关系，即下级只有一个直接的上级，一般适合规模较小、生产技术复杂程度低的企业。

直线-职能制是由直线制与职能制相互补充形成的企业组织结构。直线制领导以及相关人员可以在职权范围内指挥下级，并且对自己部门的行为负全责。

事业部制是公司在管理上采取的高度集权的分权机制，一般适合规模较大、产品种类复杂、技术复杂程度较高的企业。在国外，大型联合公司采用该种机制的比较多。近年来，我国也在尝试向企业引进该种组织结构。

二、创业精神

创业精神是突破现有资源限制而追求商机的精神，从这个角度来讲，创业精神是突破资源限制，捕捉和利用机会，敢于承担必要的风险，为创造某种新的价值努力发挥创造力，实现创新的一种心理过程。创业精神的内涵是创新、实践、拼搏，它对学生的在校学习和未来就业意义重大。

我们要培养自己的创新思维能力，善于在已有经验的基础上，发现新事物、寻找新方法，从而解决新问题；要勇敢面对挫折，具有坚定的创业意志品质；要培养吃苦耐劳的精神（吃苦耐劳的精神是指一个人在面对困难并克服困难的过程中，磨炼出的一种比较坚定的、持续的意志品质和顽强精神）；要培养危机意识，当今市场竞争越来越激烈，如果缺乏危机意识，那么就会距离成功越来越远，通常可以通过参加创业竞赛、创业实践来培养自己的危机意识。与此同时，要不断学习创业知识。创业精神为创业提供思想上的支持，而创业知识则是培养创业能力、素质的基础，因此要认真学习创业知识，比如金融知识、法律知识、管理学知识，努力做好创业准备，以便在实践中能够从容应对挑战。

对高校学生来说，一方面，要积极参加社会实践活动。社会实践活动主要包括到企业实习和利用寒暑假、周末做兼职等。这些实践活动可以丰富学生的社会阅历，帮助他们发现商机。另一方面，要积极参加学校组织的各类课外活动，积极利用创业园等学校提供的创业实践平台，在亲身实践中体会创业的艰辛，以此来提高自己的抗压能力，磨炼自己的意志。

第二节　创业的基本要素

一、创业素养

（一）创业素养的基本认识

1.素养的概念及特性

（1）素养的概念

素养是一个多维度的概念，包括知识、技能、能力、态度、情感等多个层面。素养不仅指知识和能力，还包括个人拥有的和可调动的社会心理资源。例如，有效沟通素养就包括语言技巧、话语知识、信息整合、倾听共情、体态语言等内容，具有综合性和整体性。在现实生活中，素养有很多近义词，如素质、能力、胜任力等。只有认识到素养和它们的区别，才能对素养的内涵有真正的了解。

素质中的"素"，最初的意思是白色的绢，有本色、颜色单纯、本来的、原有的等含义，强调事物的本质，可理解为事物的内在属性。"质"则有性质、本质、朴素、单纯等含义，也强调了事物的本质特征。在现代汉语中，素质的外延扩展到人，不再单指物体的属性。在汉语词典中，素质既可以指事物本来的性质，也可以指人的修养或素养。

"素质"一词在《现代汉语词典》（第 7 版）中的解释有三个：①事物本来的性质。②素养。③心理学上指人的神经系统和感觉器官上的先天的特点。在生理学中，素质是指人的先天生理解剖特点，主要指神经系统、脑、感觉器官和运动器官的特点。在心理学中，素质也有此种含义。心理学强调素质是人心理发展的生理条件，但不能决定心理内容与发展水平。在教育学中，素质的内涵更为广泛，是指人在先天的生理基础上，通过后天环境影响和教育训练所获得的、内在的、相对稳定的、长期发挥作用的身心特征和基本品质结构。

从教育的本质和功能来看，素质教育中的"素质"主要指可以塑造的素质，或者说可以培养的素质，因而素质教育中的"素质"虽然也有其相对稳定的一面，但更强调发展中的素质这一层含义。从这一角度看，"素质"与"素养"的含义非常接近。需要注意的是，目前素质教育在一定程度上是相对于应试教育而言的，虽然素质教育强调对学生素质的培养，但素质教育中的"素质"一词尚不能在内涵上全面完整地凸显"素养"的含义。

从这些意义上讲，素养可以理解为"素质＋修养"，其内涵要比素质更加丰富。素质的概念相对狭窄，一般侧重一个人的某个方面，如身体素质或品德素质方面。良好的素质是素养形成的基础。

能力通常是指完成一项任务或达成某个目标所体现出来的素质，也可以认为是达成目标的条件和完成的水平。能力总是通过一定的实践表现出来的，离开了具体的事件或历史事件的经验，就无法体现人的能力。我们常说某个人很有能力，实际上是针对其在某件事情上的表现或在很多历史事件上的表现而言的。能力的评价是有特定的维度的，如果让一个钢琴家去写小说、做科研，那钢琴家就很可能是一个没有很大能力的人。从这个角度来看，世界上没有"没有能力"的人，也没有"能力完全相同"的人。

在生涯发展理论中，能力可以分为天赋和技能两个组成部分。其中，天赋通常指先天具备的机能上的特殊才能，如天生嗅觉灵敏或对颜色分辨力特别强等。技能是指个体通过后天习得的能力，如阅读能力、写作能力、表达能力等。技能又可以分为三种类型，分别是专业知识技能、可迁移技能（或称通用技能）和自我管理技能，如表 1-1 所示。

表1-1 技能的类型

技能的类型	获取渠道	示例	通俗解释
专业知识技能	教育或者培训	电脑编程知识	一个人知道的事情
可迁移技能	实践训练	写出优美的电脑程序	一个人会做的事情
自我管理技能	品德修行	编程时追求卓越	一个人做事的态度

相对于素养，能力这个词在生活中使用得更加普遍，但能力的范围相对狭窄，不包含情感、态度等维度。相对而言，素养比能力的内涵更加丰富，素养不仅包括能力，还包括情感、态度、自我效能、价值观、人格、道德等层面的内容。很明显，如果一个人能力很强，但自我效能感很差，做事没有自信，则往往无法取得很大的成功；如果一个人很有能力，但价值观扭曲，有才无德，则往往会给他人甚至整个社会造成巨大的破坏。因此，人的能力需要转化、升级为素养，只有这样才能适应社会需要。

胜任力理论自诞生以来就有明确的概念界定，即胜任力是在工作情境这个框架下进行的，是对工作领域内的事物进行的分析和讨论。因此，胜任力描述的是跟工作绩效有显著关联的关键因素，并不描述一个人所具有的全面素养。

（2）素养的特性

第一，素养以培养全面发展的人为目的。一个人在成长发展的过程中，通过学习、实践、克服困难、承受苦难、接受历练等途径，逐步形成各种知识、能力、品质，它们与天赋、性格等因素一起，形成个体的独特的个性。心理健康的人应具有完备的素养，包括解决各种问题的知识和能力，正确的世界观、人生观和价值观，积极向上的情感和态度，能实现全方位的提升，适应社会经济发展的需要。

第二，素养是后天习得的。虽然每个人生来都具备一定的素养（或者称为"天赋"），但素养不能自动激活，也无法自然获得。要提升自身素养，必须发挥自身的主观能动性，在生活、学习和工作中反复实践。

第三，素养是多种要素的集合。素养表现为若干技能、行为、态度等的复杂集合。人们在进行交流的时候，需要注意倾听对方的话语，注意对方的态度、动作和表情，理解对方表达的观点，同时需要控制自己的态度、语言、动作和表情，解答对方的疑惑，表达自己的疑惑，形成交流氛围。同一件事情，同一个人和不同的人沟通，沟通效果会有很大差别。即使是两个沟通能力很强的人分别参与这个沟通过程，也会因为素养差异而导致沟通结果大不相同。

第四，素养强调"知识与思维相伴"。人刚出生时非常脆弱，其成长是从对周围环境的感知形成知识开始的。扎实的知识往往是素养形成的基础和保障，但随着人的成长，素养便不再局限于知识。在学习和运用知识的同时，素养更加强调思维能力的发展。一个人完善了自己的知识，提升了思维能力，最终会促进自身的发展，使素养得到提升。

第五，素养通过长期内化得到发展。在长期的知识和思维的相互作用过程中，人的内涵逐渐丰富和发展起来，除知识和能力外，还有世界观、价值观、情感、态度等。这些内涵在知识的积累和能力的提升中，逐步内化。

第六，素养的提升没有固定的路径。每个人素养的提升都有其独特的路径，素质大体相同的人，其成长发展的经历也会大不相同。对同一个人而言，素养的提升也没有固定的流程或路径。正如素养会潜移默化地发挥作用一样，素养的提升也会通过显性和隐性两种方式进行。正如一个人看的书多了，可能会掌握更广博的知识。看书学习是显性的，拓宽了一个人的知识领域；而文学修养的提升往往是隐性的，和知识领域的提升共同作用，提升一个人的素养。所以，素养的提升更像是一个人拿着指南针旅行，目的地在前方，但道路却有很多。

第七，素养潜移默化地发生作用。人们进行沟通时，往往会关注沟通者的沟通技巧，即说话的态度、肢体动作等内容，这些可以通过针对性的培训得到提升，当然也有人通过家人的示范教育和生活的历练经验获得提升。但是，在实际的沟通过程中，除沟通技巧外，沟通者素养的差异会发挥重要作用，而这种作用的发挥，往往是非显性的、潜移默化的。

2.创业素养的概念及特性

（1）创业素养的概念

创业素养，是指创业者进行创业活动所具备的相对稳定的各种内在特质的集合，包括创业知识、创业意识、创业动机、创业经验、创业能力、创业品质、创业态度等。创业素养决定了创业能否成功，以及取得怎样的成功。创业素养通过创业者的显性行为（如创业能力）和隐性行为（如创业品质）对创业活动产生影响，并能够被识别和评价。

（2）创业素养的特性

一是创新创造性。创业在本质上就是一种创新创造，因此创业素养也具有鲜明的创新创造性。创业要求创业者充分发挥自己和团队的主观能动性，创造性地开展各类生产经营活动。具备创业素养的人区别于普通人的显著特征就是其创新创造性。创业者依托自身的创业素养，开创性地进行创新创业活动，作出常人难以做出的选择，从而实现自我价值。

二是交叉融合性。创业对创业者有很高的要求，需要创业者具备各类经济、管理等学科的知识，具备全面的能力结构和完善的人格特质。因此，创业素养具有较强的综合性，其内涵要素在创业者的创业实践过程中，互相依存、互相促进、协调一致，形成一个相对稳定的素养结构，创业成功是创业素养中多种因素共同作用的结果。在创业素养要素中，任何一个要素发展不完善，都有可能影响创业者整体水平的发挥，甚至会导致创业失败。同时，在创业过程中，只有创业素养的多种因素发生交叉融合，才能开展更高层次的创新行为和更有开创性的创业活动。

三是成长发展性。创业素养是先天要素和后天要素的综合，且以后天要素为主。因此，创业素养是可以后天培养的，是可以不断成长发展的。创业素养的成长发展性是开展创业教育的客观条件和客观依据。创业素养的发展受到社会政治和经济环境等的影响，依赖创业教育的发展。随着我国社会经济和科技的发展，物质文明和精神文明的不断提高，创新创业政策的不断完善，创业教育的不断深化，创业者创业素养的培育获得了良好的环境。

四是内化稳定性。创业素养是一种内化的属性，会在创业活动中经常、稳定地表现出来。创业素养的作用可以显性地发挥出来，如运用谈判技巧获得商业成功；也可以隐性地发挥出来，如运用人格魅力和领袖气质凝聚创业团队。创业素养会内化为创业者的内在属性，这种内在属性不容易受到外部环境的影响，具有较强的稳定性。正因为如此，开展创业教育的目标应该由提升创业技能、创业能力或创业胜任力转变为提升创业素养。

3.创业素养的内容

创业已成为当下的社会热点，国家为创新创业提供了非常优惠的政策，高校也在不断加强对学生创新创业意识和能力的培养，越来越多的学生开始思考创新创业的问题，其中一部分学生已经开始了创业实践。但很多学生有顾虑，不知道自己是否适合创业。这个问题可以从内部因素和外部因素两个角度来考虑：外部因素就是创业所面临的外部环境和资源，包括政策环境、社会经济环境、创业资源情况、创业机会等；内部因素是创业者是否具备创业所需要的素养，包括创新创业能力、意识品质等。根据唯物辩证法，内因是决定事物发展的决定性因素，因此创业素养对创业起着决定性作用。

对于大多数创业者而言，创业不是一件容易的事情，创业的过程充满了艰辛，因此创业者除了要有坚韧不拔的意志外，还应该具备创业应有的知识和技能，甚至还需要一点点的运气。当创业"理想遇上现实"，任何激情都应该回归理性，掌握创新创业的知识和方法，学会科学、高效的企业管理技巧，提升创业素养，才能创业成功。

（1）创业知识是创业的基础

创业的过程是非常复杂的，需要大量的专业知识，除最基本的市场营销、企业管理、人力资源管理等外，创业者还需要掌握政策和法律知识，甚至需要掌握国际化的企业运营知识。特别是在初创阶段，创业者具备这些专业知识，对理性认识创业活动、正确认识自我、作出科学理性的创业决策等具有重要作用。

在企业发展到一定阶段后,虽然这些专业知识可以通过聘用专业的经营团队来获得,但是创业者的知识素养越高,对企业的运营就会越得心应手。因此,创业知识是创业成功的基础。

第一,获取创业知识是创业的第一步。创业者通过大学期间的专业学习和创业教育,能获得一定的创业知识,如创业的含义、创业的形式和内容、创业对人生的价值和意义、创业的风险和应对方式等。这些知识可以提升创业者的创业意识,帮助创业者正确认识创业,纠正其对创业的刻板印象,从而为创业做好准备。

第二,掌握创业知识能帮助创业者识别创业机会。创业的本质是创造价值,创业者需要通过为客户提供产品和服务,使客户的需求得到满足,但客户的需求往往是变化不定的,创业者需要迅速、准确地识别客户的需求变化,迅速作出科学合理的判断和决策,才能获得成功。因此,识别并抓住创业机会,是创业开始的必要条件。创业者对创业机会的识别和把握,在很大程度上取决于创业知识的积累。当然也有一些创业者通过"第六感"敏锐地察觉到创业机会,但这种"第六感"也是创业者将创业知识内化为创业素养而得到的。同时,创业者通过自己所掌握的创业知识,运用科学的手段对创业机会的潜在价值进行评估,可以更好地对创业机会作出判断。

第三,运用创业知识是企业长久运营的关键。在创业初期,能否获取并运用创业资源往往是企业能否生存下来的关键,也是创业者所面临的最大问题。在企业建立后,创业者会面临创业团队的组建和管理、创业资源的持续获取和有效利用、创业风险的管控、创业市场的开发、市场营销管理、企业的人力资源管理、财务管理、品牌建立、企业文化建设等一系列经营管理问题。创业知识决定着企业能否生存下来并实现持续盈利。

(2) 创业能力是创业的支撑

创业是一种实践性非常强的活动,需要创业者具备较强的创造能力。创业者是在真实的市场经济环境中开展生产经营活动的，与在实验室里面做实验不同，企业发展的决策往往不容犯错。因此，创业者必须掌握将创业知识、创业想法转化为能够产生经济价值的能力，包括经营管理能力、综合协调能力、战略发展能力等。只有具备强大的创业能力，才能不断克服企业生产经营中遇到的困难和挑战，最终取得成功。

第一，创业能力影响创业行为。在创业者群体中，很多人没有开展创业活动是因为对自己的创业能力缺乏自信。认为自己创业能力弱的人通常创业的可能性较小。同时，创业能力强的创业者，对创业活动往往会表现出更明显的积极性，更能有效地识别和把握潜在的创业机会。在开展创业活动后，创业能力强的创业者在遇到困难时会更容易坚持下来，总结经验教训，努力克服困难和挫折。

第二，创业能力影响创业成效。如果不考虑意外事件等情况，创业能力与创业成效往往呈现较强的正相关性。在纷繁复杂的创业环境中，创业能力强的创业者能够先人一步发现和利用创业机会，更容易获得创业资源，更能够建立和维持企业的竞争优势，更能够根据内外部环境的变化及时调整企业自身的生产经营活动，建立科学合理的企业发展战略，从而取得更好的创业效果。

（3）创业人格是创业的关键

创业人格是创业素养中除创业知识和创业能力外其他要素的集合，是不同的创业者之间、创业者和非创业者之间重要的区别。创业人格包括强烈的创业动机、不甘平庸、积极进取、敢于质疑、坚韧不拔、团队意识强、自律能力强、善于自我反省，以及对事物发展趋势的精准把握，对市场环境的敏锐感知等。不同的创业者在创业人格方面差异较大。

在市场经济环境下，诚信是企业长久运行的必然要求。诚信不仅是做人的基本原则，也是企业经营的基本原则。创业者的诚信意识，对企业的生产经营有重要的影响，决定着创业者的创业道路能够走多远。

创业素养对创业活动有决定性的影响。因此，对创业素养进行研究，可以帮助创业者更好地开展创业活动。

（二）创业素养的理论依据

1.人的全面发展理论

（1）全面发展理论的内涵

无论是中国古代对"通五经贯六艺"的要求，还是古希腊哲学家们对德、智、体全面发展的论述，注重人的全面发展，自古以来就是十分被重视的问题。人的全面发展指人的需要、人的个性、人的社会关系、人的能力和潜能等的全面发展。每个人的潜能都能够得到发展，是人的全面发展最基本和最核心的目标。

第一，"人的需要"的全面发展。人的需要决定了一个人的生存方式和生存状态。它是多样化的，不断发展变化的。在不同时期，人的需要是不同的，是各有侧重点的。根据生涯发展理论，一个人在其生命的历程中，所扮演的角色是不同的，如孩子、学生、工作者、公民、休闲者等。每个阶段可能有几个角色，但有一个角色是主要的角色，这个角色决定了一个人的主要需要。例如，创业者同时可能还扮演着孩子、休闲者、公民等角色，但创业者这个主要角色决定了其当前的主要需要就是学习知识、提高能力、提升素养。随着科技的快速发展，社会分工越来越细，对从业者专业能力和素养的要求越来越高。同时，创业者在开展专业学习的同时，也会面临人际关系、生活娱乐、个性发展等需要。以高校学生为例，他们在大学期间的学习往往局限于某个具体的细分专业，与社会的要求存在一定的脱节。因此，高等教育和高校学生都需要摆脱这种由社会分工和教育制度带来的局限性，促进个人的全面发展。

第二，"人的个性"的全面发展。研究人类社会的发展历程可以得出，人的个性发展与生产力的发展、物质的丰富程度有直接的关系。在生产力不够发达的历史时期，除少数大量掌握物质资料的人外，大多数普通人都没有"人的独立性"，而需要"人的依赖关系"。在生产力高度发展后，普通人所获得的物质资料也将更丰富，人的个性将会得到全面发展。当前，我国经过多年的改革开放，生产力得到极大的发展，社会物质财富大大增加。大多数普通人获得了个性全面发展的物质基础，个性发展也不再是少数人的特权。创业者获得了个性全面发展的条件和可能，创业者的素养普遍提高。

第三，"人的社会关系"的全面发展。人的本质就是一切社会关系的总和。因此，社会关系会对一个人全面发展的程度产生决定性影响。人时刻处于一个特定的社会关系网中，一个人要想获得全面发展，就必然要积极参与到社会实践中，积极进行社会交往，建立丰富而全面的社会关系，获取社会信息，获得社会支持，拓宽视野和格局，不断充实、完善和发展自己，避免个人发展的局限性，从而获得全面发展。创业者要提升创业素养，就需要建立积极的社会关系，不断参与社会实践。

第四，"人的能力和潜能"的全面发展。社会分工造成了人的片面发展，但同时也是因为人的体力和智力的片面发展，才进一步促成了社会分工。只有打破这种脑力劳动和体力劳动的界限，才能真正使人的能力和潜能得到发挥。

（2）全面发展理论与创业素养培育的关系

第一，创业素养培育目的是人的全面发展。我国高等教育的目的就是要培养德、智、体、美、劳全面发展的社会主义建设者和接班人，这与马克思主义关于人的全面发展的理论相契合。当前，我国经济正处于转型升级的关键时期，社会对人才的需求结构和素养要求必然发生深刻的变化，国家需要更多的高素质、创新型人才，创业素养的培育与当前时代的需求高度契合。培养创业者的创业素养，符合我国社会对人才的需求，符合当前我国高等教育改革的大趋势。

培养创业者的创业素养，主要是帮助他们树立创业意识，丰富他们的创业知识，增强他们的创业能力，提升他们的创业品质，最终是使他们得到全面发展。

第二，人的全面发展理论指导创业素养培育。在当今社会，教育是促进人的全面发展的重要途径。普遍的知识和专业的知识是人全面发展的基础，个性、社会关系、能力和潜能对人的全面发展具有重要意义。马克思的人的全面发展理论让我们看到了全面发展的人的内涵，为高校开展创业教育提供了理论基础，为个人发展创业素养提供了指引。促进人的全面发展的前提是树立以人为本的理念。

对高校而言，在创业教育过程中要坚持"以人为本"，尊重学生的个性，重视学生的个性发展，有针对性地加强学生的个性教育，进一步促进学生全面发展与个性发展的有机统一；以促进学生全面发展为目标，深化人才培养模式改革，创新创业素养培育模式。高校不仅要重视专业知识和技能的传授，还要重视德、智、体、美、劳的全面培养，通过第一、第二课堂和社会实践，培养有理想、有道德、有文化、有纪律的创新型创业人才。

2.核心素养理论

（1）创业素养研究是高等教育的使命

核心素养不仅可以在基础教育阶段应用，也可以在大学阶段进行应用。我国学生发展核心素养在义务教育、普通高中教育和高等教育三个阶段都有用武之地。

创业是创造社会财富、增加就业岗位、促进经济社会发展的不竭动力，"大众创业、万众创新"已成为时代的声音、国家的期盼、青年的责任。学生是我国社会中最具生气、最有活力和创造力的群体，高等教育是系统性开展学生核心素养培养的最后阶段，也是学生创业素养培育的关键时期。提高学生创业素养已成为世界各国高等教育改革和发展的重要部分。

因此，广泛深入开展核心素养，特别是创业素养的研究及应用，既是面向提升学生创新创业能力、提高学生创业水平的时代要求，同时也是提升当代学生创业素养、促进学生全面发展的重要途径；既是落实高校立德树人根本任务的基础性工作，也是高等教育的神圣使命。

（2）核心素养理论指导创业素养研究

学生发展核心素养的研究重点是要解决"培养什么样的人"和"怎样培

养人"的问题，是党的教育方针的具体化，对创业素养的培养也有较强的指导意义。

创业素养培育是发展核心素养在创业领域的具体应用，虽然在具体的侧重点等方面存在一定的差异，但对创业素养的培养具有较强的指导意义。丰富学生核心素养的内涵，可以帮助高等院校和学生本人改变我国传统教育中狭隘的创业观念，转变创业教育中重知识和技能、轻态度和价值的倾向。

创业素养的培育和核心素养的培育具有较强的共性，即需要依赖各种教育手段和教育形式，通过长期的培养，甚至是终身的培养来不断提升。创业素养的提升不仅包括传统的教育，也包括高等院校提供的校内外非正式的，甚至非常规的教育。

3.胜任素质理论

（1）胜任素质

胜任素质指一个人为了完成某项具体的工作任务，履行岗位职责并达成岗位绩效而应该具备的与该职位相关的个体特征的综合，具体包含知识技能、社会角色、自我概念、人格特质、动机等内容。胜任素质通过对个体的工作绩效产生关键影响，进而对企业的业绩产生影响。特别是对于创业企业而言，创业者的胜任素质往往会对企业的发展产生决定性影响。

胜任素质具有可衡量、可观察、可指导等特性。胜任素质是完成某项特定工作或从事某个特定岗位所必备的个体特征，具有动态性和一定的狭隘性，不是通用的知识或技能。胜任素质是个人所具备的隐性和显性特征的综合，是能够被观察和衡量的，也是可以从某种程度上被预测的。胜任素质的概念是和具体的某一工作岗位相结合的，反映的是个人在这一工作岗位上的绩效水平，能将某一工作中有卓越成就者与普通人区分开来。因此，一定程度上也可以通过绩效水平来衡量个人的胜任素质水平。

目前，学术界比较公认的胜任素质模型是冰山模型和洋葱模型。

第一，冰山模型。一个人的个体素质具有多个层次，按照其表现形式可以分为内隐素质和外显素质两类。内隐素质和外显素质的关系类似于大洋里的冰山,人们看到的是露出水面的部分,这部分相当于外显素质,而隐藏在水下的部分,比水上的部分要大很多,是冰山的主体,但不容易被人们察觉,这部分相当于内隐素质。总结个体素质的特征,并将素质与"胜任力"的概念相结合,对素质模型进行补充和解释,便形成了素质冰山模型。在该模型中,冰山代表个体的整体素质,水平面上的冰山代表了个体素质中知识和技能的内容,属于任职者的基本素质要求,是可以测量并能够培养和提高的;水面下的冰山代表了角色定位、价值观、自我认知特质、动机等内容,属于优异的任职者区别于普通任职者的部分,这部分素质非常重要,但不容易被测量,具体如表 1-2 所示。

表 1-2　冰山模型释义

表现	内容	释义
外显素质	知识	个体在特定领域拥有的事实性或经验性信息
	技能	能够完成特定任务,在特定领域拥有的综合运用知识和技术的能力
内隐素质	角色定位	受价值观的影响,在社会生活中表现出来的风格和行为方式
	价值观	个体对是否作出选择或对事物重要性的排序
	自我认知	基于自我认知所形成的对自我的评价、态度和价值观等
	特质	个体独有的特点,由外在行为和表现反映出来的对环境、个体及各种信息的持续性反应
	动机	在特定领域表现出的兴趣、偏好以及持续行动的倾向

冰山模型通过对素质构成、素质和胜任力的关系等进行分析,揭示了个体素质不同成分的特征及其对个体行为的影响。当前,冰山模型已经成为管理学、教育学等领域非常重要的工具,对培养创业者的创业素养也有深刻意义。

第二,洋葱模型。人们对冰山模型进行进一步研究,提出了胜任素质洋葱模型。洋葱模型对各成分的特点进行了进一步分析,对核心要素进行了清晰的界定，明确了哪些成分可以被观察和识别。洋葱模型将各成分按照被测量和识别的程度进行了划分，将各成分按可测程度由里及外层层扩展，最终形成了洋葱模型。在洋葱模型中，各成分越靠近外层就越容易进行培养和评价；越靠近里层就越难以进行评价和习得。

洋葱模型和冰山模型都强调知识、技能之外的其他素质的重要性，所以在本质上是对个体素质的不同表述。当然，相对于冰山模型，洋葱模型在表述各成分的关系时更具层次性，可以帮助人们清晰地判断各素质成分的关系。

（2）创业胜任素质

创业胜任素质是指在企业创业过程中，一个绩效优秀的创业主体所具备的能够胜任企业创业任务并取得较高的创业绩效所要求的知识、技能、能力和特质，集中表现为在创业过程中能够识别、捕捉机会，获取和整合资源的综合能力。目前，越来越多的学者对创业者的胜任素质进行研究，以识别不同行业或不同创业阶段的创业者所应该具备的胜任素质特征。对于创业胜任素质的维度，最受学术界认可的是创业胜任素质六维模型，包括机会胜任素质、关系胜任素质、概念胜任素质、组织胜任素质、战略胜任素质和承诺胜任素质，如表1-3所示。

表1-3 创业胜任素质维度及特征表现

创业胜任素质维度	特征表现
机会胜任素质	通过不同方式来识别、捕捉、孕育市场机会的能力
关系胜任素质	促使人与人、人与组织之间互动的能力，例如通过接触、沟通等人际交往形式、契约或社会关系来建立信任关系，促成合作
概念胜任素质	体现创业者概念化的能力素质，例如决策能力、借鉴分析能力、创新能力以及对于风险的承担能力等
组织胜任素质	组织内外部资源的能力，既包括对人力、财力、物力和技术资源进行组织协调的能力；也包括对于员工的领导、团队的建设以及培训、监控等方面的技能
战略胜任素质	制定、评估和实施企业战略的能力素质
承诺胜任素质	创业者推动业务发展，承诺永续经营的能力

一个完整的创业者胜任素质模型必须具备上述六个不同的维度，缺一不可，且这些维度体现在创业者创业行为的方方面面。除了上述六个胜任素质外，还有一个支持要素，即学习和自我管理能力，该支持要素主要通过影响其他六个要素发挥自己的作用。

（3）胜任素质理论与创业者创业素养

第一，胜任素质理论为分析创业者创业素养提供帮助。胜任素质认为个体素质具有多个层次，按照其表现形式可以分为内隐素质和外显素质两类；胜任素质模型则进一步对这些素质进行了界定，并按照可被观察和识别的程度进行了层次化分类。根据胜任素质模型，创业知识和创业技能属于外显部分，创业动机、创业特质、自我认知、创业价值观和创业角色定位则属于内隐部分。外显部分易培养、易测量，但作用相对较小；内隐部分不易培养、不易测量，但却是创业活动的决定性因素。胜任素质理论在剖析创业素养的要素构成方面具有独到之处，借鉴胜任素质理论，结合实证研究，可以清晰地分析创业者的创业素养状况。

第二，创业者的创业素养培育要更重视内隐素养。当前，我国高校在创业素养培育过程中，普遍重视对学生创业知识和技能的培育，也取得了丰硕的成果。但由于内隐素质的培育具有难度大、不易测量、需要长期坚持等特点，对人才培养模式提出了更高的要求，因此内隐素质的培育成为当前创业素养培育的重点和难点。

4.创业教育理论

创业教育是提升创业素养的一种重要手段。从广义上讲，创业教育是通过一系列的教育方法和手段，提升个体的整体创业素养，提高个体创业动力、创业能力、创业意识、创业品质等，从而帮助个体获得成功并取得最大创业成就的教育。从狭义上讲，创业教育是帮助个体提升创业能力，促进其在商业环境中成功创办企业的教育。

创业教育与创业素养培育关系密切。创业素养自身具备的特性是创业教育发挥作用的基础和前提，创业教育深刻地影响着创业素养培育。

第一，创业素养培育意义重大，要求高校发展创业教育。创业家是经济发展的发动机，是经济发展的力量源泉。知识经济和信息社会的到来，对人才的需求不断增加，对人才的素养要求不断提高。当前，在我国"大众创业、万众创新"的时代背景下，培养一大批具备较高创业素养的人才，已经成为落实创新驱动国家战略的迫切需求。但是，从整体上来看，虽然现在越来越多的学生开展了创业实践活动，但我国学生创业的人数所占比例仍然较小。相对于社会人员创业，学生创业虽然在知识、创新能力等方面有一定的优势，但整体创业素养仍相对较弱。多年来，提高学生的创业素养已经成为世界各国高等教育改革和发展的重要部分。我国要加快向创新型国家迈进，就必须加快教育现代化进程，迈入教育强国之列。作为教育现代化的重要组成部分，深化创新创业教育改革，既是推进高等教育综合改革、促进高校毕业生有效创业就业的重要举措，也是我国实施创新驱动发展战略、促进经济提质增效升级的迫切需求。作为高端人才的培养基地，高校要深化创新创业教育改革，坚持育人为本，落实立德树人根本任务，促进学生全面发展，就必须提高学生的创业素养，加快培养富有创业精神、敢于投身创业实践的创新创业人才队伍。

第二，高校创业教育的发展为创业素养培育提供条件。创业素养是创业素质和创业修养的统一。创业素养决定了创业能否成功以及取得怎样的成功。创业素养是在具备较高的专业知识水平的基础上形成的，因此学生群体更容易发展其创业素养。素养的形成是一个长期的过程。创业素养的培育也需要经过一个长期的、复杂的过程。高校创业教育是一种以培育创业素养为最终目标的教育活动，通过第一课堂和第二课堂的有机结合，政府、学校、学生多方力量的共同发力，创业教育可以为创业素养的培育提供条件。

第三，创业教育在创业素养培育中具有较强的促进作用。首先，创业教育可以引导创业者的人生发展方向。创业者在参与创业活动的过程中，在市场竞争中学会独立自主、自我发展、自主经营、自负盈亏、自力更生、自我约束，自己作出决策并对自己的决策负责，在承担风险和自我实现过程中，能获得一定的经济自由。为此，创业教育可以帮助创业者科学地选择自己的发展道路，作出创业决定并认识到创业对自己的意义，在创业活动中实现自己的人生价值。其次，创业教育可以为创业者提供发展动力。帮助创业者在知识、能力、人格等方面获得发展，帮助创业者获得创新和创业意识，并在此基础上激发创业者的自主性，使其自觉将提升创业素养当作自己内在的需求，将创业素养提升作为自己全面发展的重要过程。最后，创业教育可以帮助创业者挖掘潜能。创业最终的目的是实现人的自由、全面的发展，这种发展体现在个人理想、经济自由、自主性社会关系等的实现方面。创业教育可以唤醒创业者的创新创造潜力，创设展示和验证潜能的条件，丰富创业阅历，发展创业能力，培育创新人格，创造社会价值。

二、创新意识与创业能力

社会想要进步发展，就一定要将创新意识放在首位，只有不断创新，才能适应时代发展需求。在新时期，加强创新能力培养是时代发展的不竭动力，是改革发展的必然趋势，也是高校人才培养的重要内容。

（一）创新意识

创新意识是人们根据社会发展和个人生活的需求思考，果断地为新事物而奋斗，发展新的思想和方法，解决新的问题，创造新事物的意识。它对一个人创造力的形成起着非常重要的作用。创新意识是出现在人们头脑中的一种主动研究、解决问题的思维。这是人类创造性活动的出发点和内在动力，是培养创造性思维和创造力的前提，也是形成创新潜力的基础。拥有创新能力的人通常有强烈的进取精神和勇于探索新事物的思维意识。创新意识的培养方式有以下几种。

1.注重知识的积累

知识的积累是创新意识形成的前提。要想培养创业者的创新意识，首先要激发其求知欲，使其有对知识的渴望。创业者只有不断学习新知识，才能在自主创新创业过程中充分发挥主观能动性。创新知识的积累需要创新学习。创新学习是接受、优化和吸收知识的过程，其核心是为知识增值，因此要开发创新潜能，重视创新学习技能的培养。创新学习能力是继承和重构知识的能力。通过创新实践，包括写作、艺术创作、技术进步等，新的想法和设计被转化为真正的产品。创新离不开知识的积累，尤其是技术创新，更需要创业者在生活和工作中重视知识的学习与积累。

2.开发潜能

创新需要一定的敏感性。仔细观察、研究、反思，可能开拓出更多的思路以解决以前难以解决的问题。同时，创新也需要强烈的好奇心，好奇心使人们对某物、某事、某人充满兴趣，这些兴趣促使人们去质疑、探索。这时思维会变得特别活跃，人的潜能会在这个过程中得到开发，人的创造性也会随之空前高涨。

3.消除心理障碍

谈及创新，有的创业者有一种天生的抵触和恐惧心理，认为创新是神秘的、可望而不可即的。其实，人人都具备创新的潜能，要培养创新意识，首先需要消除创新的心理障碍，树立创新的信心，拥有"敢为天下先"的勇气。另外，创业者要表现出主动性，大胆地去做别人没有想到的事情，要具有强烈的创业精神和勇气。

4.参与创新实践活动

创新意识的培养是非常重要的，企业家在形成创新意识的过程中，应形成科学的创新观，领悟创新的真谛。在培养创新意识的过程中，创业者应积极参与创新实践活动，创新实践活动可以是创新创业培训，也可以是创新创业比赛，可以是理论性的，也可以是操作性的。作为一名创业者，必须学会反思、怀疑，学会用已有的知识进行创新实践。

5.激发创意

创意是创新的动力,是形成创新习惯的基础,只有有创意的企业家才能灵活地识别创新点。可以通过以下三个步骤来激发创意。

(1) 记录疑问

企业主要提供满足人们生存和发展所需要的产品或服务。思考如何创业,了解人们日常生活中的问题或需要,可以为后续发展提供服务。

(2) 寻找好点子

好点子能解决问题,帮助他人,有助于公司运作。应当培养创业者对人、环境、事物的好奇心,扩大自己的认知面,如参观当地工厂、特色商店、图书馆、其他城市等;与来自不同专业、不同地方,拥有不同生活方式的人交谈;等等,能帮助创业者打开思路,捕捉到好的点子。捕捉到好点子,要把它们写下来,以防遗忘。

(3) 实用验证

实用验证主要是为了证明观点的正确性,这是从观念创新到实践创新的重要一步。

(二)创业能力

1.创业能力的内容

一般而言,创业能力就是指创业者的专长和经验,如市场调查、技术专长、企业管理、用人理财、公关促销、开发开拓、规避风险等。创业能力是一种高层次的综合能力,可以分解为专业能力、经营管理能力和综合性能力。

(1) 专业能力

专业能力,是指专业技术能力,是企业家运用专业知识进行专业生产的能力。为了培养专业技术能力,创业者必须掌握基本的专业知识和职业技能。专业技术技能的形成具有很强的实用性,因此创业者在实践中要学习许多专业知识和技能，并逐步改进。创业者应在创业过程中积累专业的技术经验及职业技能，在深入了解相关情况的基础上，记录、分析、总结和归纳，以形成理论。只有这样，才能不断提高专业技术能力。这就要求创业者在第一次创业时尽量选择自己熟悉的项目。当然，创业者也可以利用他人，尤其是员工的知识和技能来管理自己的企业。但是，如果能够从自己熟悉的领域开始，创业者就可以避免一些失误，并提高创业的成功率。

（2）经营管理能力

经营管理能力，是指创业者在创业活动中对规划、决策、实施、管理、评估、信息反馈等进行调控的能力。经营管理能力是一种较高层次的综合能力，是运筹能力，直接影响创业者的发展方向及成功率。经营管理能力可以从经营和管理两个方面来理解。

第一，学会经营。企业的目标是在资源既定的情况下实现利润最大化。创业者有了明确的创业目标之后，就要正式组织实施创业计划。首先创业者必须学会经营，只有这样，创业者才能在充满竞争的市场环境里明确自己的优势，找到自己的位置并迅速立足。企业资源所包含的内容很多，除了厂房、物料、设备这些有形的资源，还包括人力资源、资金、信息、企业上下游的供应商和客户等无形资源。学会经营就是要学会统筹管理企业的这些资源，本质上就是合理利用各种资源。

以下问题是创业者在经营企业的过程中常常会碰到的：市场需求是多变的，怎样使自己的企业适应这些需求；怎样准确、及时地对客户作出承诺；怎样使生产计划和活动保持均衡；怎样防止出现库存积压和物料短缺的情况；怎样准确了解企业的生产情况；怎样在保证质量的前提下把产品成本降到最低；怎样把财务管理的计划、控制和分析的作用充分发挥出来；怎样让企业各部门在遇到问题时可以从全局考虑。其实解决这些问题的过程，就是学会经营的过程，即在信息系统支持下，以平衡供需为目的，合理规划，有效配置企业资源，提高资源的利用率。

第二，学会管理。对创业者而言，学会管理，首先就是要学会质量管理。创业者必须严格把好质量关，因为质量是一个企业能顺利发展和生存下去的基础，只有做到这一点，企业才能继续发展，实现创业的最终目标。

（3）综合性能力

综合性能力是创业者创业成功的重要保证，主要体现在以下方面。

第一，人际交往能力。人际交往能力是从事管理工作必须具备的基本能力。创业者需要跟不同的人沟通，比如消费者、企业员工、供货商、金融和保险机构，甚至是各种管理部门，只有具备良好的人际交往能力，才能在与不同人沟通时顺利解决问题，实现自己利益的最大化。在公司组织中，管理层通常负责领导和管理特定部门或企业中的多个个人或团体，并共同参与生产和运营活动。因此，管理层需要提高组织能力，适当分配人员，合理安排工作任务，协调工作流程，并将计划目标连续不断地转化为每位员工的实际行为，促进生产经营有序、稳定地进行。

第二，解决问题的能力。创业者也需要具有较强的解决问题的能力，它是指一种综合能力。解决问题能力强的人在工作过程中不愿接受他人的帮助，他们具有较强的理解能力和快速处理信息的能力，并且经常能找到解决问题的创造性方法。

第三，创业创新能力。创业创新能力是创新型人才必须具备的基本能力。培养创新能力主要是培养创新思维能力、实践活动能力、动手操作能力以及遇到问题之后最终解决问题的能力。创业能力包括专业技术能力、经营管理能力和社交沟通能力等。创新能力强的人，其创业能力也不会太差。

第四，管理情绪的能力。如何妥善管理情绪是现代人非常关注的问题。良好的情绪状态是企业家应该具备的特点之一。还没迈入社会的创业者，人生经历相对简单，所以情绪起伏很大，在遇到问题的时候容易情绪化。所以，我们应学会与情绪和平相处，做情绪的主人。在遇到问题的时候妥善管理自己的情绪也是创业者必备的能力之一。如果一个人容易担心和焦虑，那么这个人是不适合管理公司的。情绪稳定对工作有重大影响。情绪稳定的人会从积极的角度进行思考，对自己的生活感到满意。情绪不稳定的人常表现出不安、焦虑、悲伤等特点。情绪稳定是创业的优势。

第五，团队合作能力。很多企业家都是和别人合作创业的。因此，团队或小组合作的能力也是创业者的必备特质之一。一个成功的企业团队要具有凝聚力和团结意识，成员们愿意牺牲短期的利益来获得长期成功的果实，全力以赴地为新公司创造价值。一个成功的企业团队必须具有授予承诺、合作持股等特征，有公平灵活的利益分配机制，是企业成果整合共享与职业技能的完美结合，这些也是团队合作能力的体现。

第六，对不确定性的容忍能力。出现不确定情况时，有些人无法承受不确定性带来的压力，会匆忙处理和解决问题；有耐心的人，希望在作出决定之前情况是明朗的，即对不确定的情况有更大的容忍度。创业者通常需要具备较强的对不确定性的容忍能力。

2.创业能力培养的基本方式

创业能力的培养，主要有以下方式。

（1）培养良好的创业心理品质

在培养创业能力的过程中，要注意充分发挥商业心理学的优势。创业者要克服的心理障碍有三种：依赖、自卑和退缩等人格障碍；抑郁和过度焦虑等情绪障碍；对成功的担忧和不断变化的目标等行动障碍。企业家创业的成功率与心理抵抗力密切相关，其心理抵抗力越强，成功率越高，反之亦然。总而言之，要想培养良好的创业心理素质，就需要把创业作为一种生活态度和方式，从不同的角度观察世界。

（2）构筑网络化创业知识结构

个人创业基本素质的重要组成部分就是知识本身，所以构筑网络化创业知识结构对个人创业十分关键。传统的单一知识结构已经不能适应日益发展的、愈来愈复杂的现代社会经济的要求。个人只有在网络中建立广泛的、跨领域的知识结构,才能形成强大的创业能力。作为一名创业人员,必须具备相应的专业知识、企业管理知识和综合知识。

(3)通过创业活动获得创业能力

为了使学校里学生的学习过程也成为学生创业实践的演练过程,学校应有针对性地根据培养创业能力的需要来设计教学内容和教学活动,尤其是可以多举办一些创业实践活动,这对学生获得创业能力有很大的帮助。

3.创业能力培养的心理建设

(1)创业的心理准备

首先,需要是创业之源。在青年时期,人们经历了从依赖到独立、从家庭走向社会、从被父母养育到自己独立生活和承担社会责任的巨大变化。在这一时期以独立的、具有生存和竞争能力的个体出现在社会大家庭中的愿望占据主导地位。为实现这一愿望,有志青年渴望找到一个合适的职业,其中有不少青年将创业作为一种选择,甚至将创业成功作为自我实现的必然路径。

其次,动机是创业之泉。动机是由需要激发的。当需要的对象、目标存在时,需要就转化为动机,推动人产生行为,进而达成目标。创业活动是创业者全身心投入的活动。激励源于创业的需要,它是一种强有力的心理激励,可以使创业者进入一种非常活跃的状态,对创业的发展起到非常积极的作用。一般而言,创业动机会引起以下几种不同的心理状态。

第一,心理紧张。创业动机的形成,会引发创业者积极、紧张的心理状态,使得创业者能排除干扰,克服惰性,超水平发挥自己的聪明才智。

第二,心理策动。在确定目标之后,创业者就会自觉地向着目标迈进。优秀的创业者,在确定宗旨、采取行动之初,都有坚定的决心。这份决心往往会促使他们百折不挠,排除万难。

第三,心理准备。在创业动机形成后,创业的对象、方法、途径和范围等就基本明确了,这使得人们在心理上对将要采取的行动做好准备,这种心理准备对创业活动的进程和趋势影响很大,既有有利的方面,也有不利的方面。

第四，心理期望。具有强烈创业动机的人通常也有较强的创业成功的信心。这一信心鼓舞、支配和驱使他们积极地行动，使他们表现出鲜明的个性，树立起某种信念。

最后，意志是创业之剑。意志是一个人在认识和改变客观世界的过程中，通过自觉地组织自己的行动、克服困难、达到一定目的而表现出来的情绪。创业者的创业过程是一个克服困难、确保成功和展现创业者意志的过程。创业是一个漫长而艰难的过程，创业者必须有坚强的意志、能勇敢地向前迈进。因此，创业行为就是意志行为，创业之路就是意志拼搏之路。

意志对创业行为具有重要作用，它使创业者能够识别错误，果断行事，克制自己的情绪和冲动，保持应有的自制力，并鼓励创业者克服各种困难，努力实现创业目标。

（2）创业的心理机制

第一，产生创业的心理需要。在创业的过程中，产生创业的心理需要是创业的开端。如果没有这种需要，就不可能有后来的创业行为。所以，创业者在创业时，先要有创业的心理需要，且这种心理需要必须比较迫切。如果不迫切，则不足以促使人去进行创业。

第二，形成创业的心理动机。仅有创业的需要还不一定形成创业的行为，只有创业的需要上升为创业心理动机时，创业行为才能开始。创业动机是指推动个体或群体从事创业实践活动的内部动力。在创业心理动机的驱使下，创业者会把思维集中指向创业的目标，并围绕这个目标，动用一切精神和物质力量排除所有干扰，最终完成创业目标。创业心理动机对创业者的行为起着持续激励的作用。

第三，培养创业兴趣。兴趣是一个人力求探究和认识某一事物的意识倾向，它与人的情感相联系。创业兴趣以积极的方式影响着主体的创业心理和行为，使人在创业实践活动中感知敏锐、注意力集中、思维活跃。创业的兴趣一旦产生，反过来又会进一步激发创业者的创业需要。创业兴趣具有指向性、情绪性和动力性等特点。创业兴趣的指向性使创业实践指向具体的创业目标，所以创业者不仅要产生创业的兴趣，还要有具体的创业目标。只要创业者对创业目标兴趣浓厚，他就不会因为创业艰难而退缩，这就是创业兴趣的情绪性对创业者的激励作用。在创业中取得一定成效的人，其创业兴趣通常非常浓厚，有的甚至达到痴迷的状态。创业兴趣的动力性使创业兴趣总是对创业者所从事的创业实践活动起到支持、推动和促进作用。

第四，树立创业理想与信念。创业理想是创业者对未来奋斗目标较为稳定和持久的向往。创业信念是指创业者对于创业实践有关的意义形成的较为固定并执着追求的思想和观念。创业理想和信念是创业心理机制的高级阶段。创业者一旦形成自己的创业理想和信念，就会形成创业的精神支柱，使创业者对其创业理想确信无疑，这种信念和确信无疑的态度将使创业者对创业实践充满信心。与企业家精神有关的理想和信念能激发创业者的积极性和主动性，为创业活动的开展提供勇气和信念。

三、创业团队及其组建

（一）创业团队的重要性及要素

团队并不等同于一般意义的群体，团队是群体的特殊形态，是一种为了实现某一目标而由相互协作、依赖并共同承担责任的个体所组成的正式群体。要想应对激烈的竞争环境，单凭一个人的力量是不够的，必须有各种不同的人员才能拥有足够的技术、能力和资源。因此，创业团队的组建至关重要。一个成功的创业团队通常有较高的机会识别能力、产品开发能力和资源利用能力。众人协作，有利于提高企业的运作能力，也有利于组织发展和管理工作的开展，还有利于营造轻松愉快的工作氛围。

创业团队是指由两个或两个以上具有一定利益关系的，彼此通过分享认知和合作行动,以共同承担创建新企业责任的,处在新创企业高层位置的人共同组建的有效工作群体。

1. 创业团队的重要性

随着创业的深化和发展,很大一部分创业活动在开始构建时就需要组建团队。风险投资机构评估项目时,创业领导者及其团队的经验、能力等是考核的重点。具体来说,创业团队的重要性主要表现在以下方面。

(1) 团队约束力

创业团队成员间可以相互督促,朝着共同的方向努力奋斗。每个团队都有自己的一套执行标准,这个标准不是开一次会或是某一个人就能写出来的,而是整个团队在执行过程中总结、提炼出来的。它必须源于实际经验,这样才更有说服力。

(2) 优势互补,促进多元化和创意

由风格各异的个体组成的团队所作的决策,往往要比单个个体所作的决策更有创意。同时,正因为优势互补,团队中的每个人都可以专心做自己擅长的事,所以效率将大幅度提升。优势互补包括三个方面:一是性格互补,外向型的需要内向型的互补,强势的需要弱势的互补,行动力强的与思考力强的可以互补等;二是特长互补,一个优秀的创业团队需要各种人才,包括市场销售、财务管理、生产计划、人力资源等各个方面的人才,团队可以集合有各种专业优势的人才,大家相互配合,各尽其才,使团队具有综合竞争力;三是资源互补,这里的资源包括人、财、物三个方面,每个人的资源都是有限的,当大家的资源整合在一起的时候,所发挥的作用将大大增强。

2. 创业团队的要素

创业团队是由一群不同背景、不同技能、不同知识的人所组成的一种特殊群体。它主要由下列要素组成。

(1) 人

创业团队至少包括三方面的人才:管理人才、技术人才和营销人才。在这三方面的人才形成良好的沟通协调关系后,创业团队将是稳定且高效的。创业者在组建创业团队时，不但要考虑成员个人的能力、品德、志向和爱好，还要考虑成员的兼容性。

（2）目标

所谓目标，即为什么要建立团队，希望通过团队达到什么目的。创业团队是一个特殊的项目团队，目标是完成创业阶段的公关、技术、组织、管理、市场、规划等各项工作。创业团队的工作要有创造性，能使企业从无到有，从起步走向成熟。在企业发展成熟之后，创业团队会随之转变为管理团队，团队目标则由创业转变为管理。

（3）定位

所谓定位，即团队通过何种方式同现有的组织结构相结合，从而创造出新的组织形式。创业者在制定创业计划时，以及在对初创企业进行管理的过程中，要选择合适的人员组成创业团队，把他们安置到创业组织中去，使成员得其所、在其位、谋其政、尽其用。

（4）职权

所谓职权，是指团队中职、责、权的划分和管理。它实际上是目标和定位的延伸。就整体而言，创业团队的工作范围几乎涉及各个领域，如公关、管理、生产、销售、财务及人力资源开发等，所处理的事务会影响到整个新创企业现在的状况和未来的发展情况。创业团队的各项职权，要分轻重缓急。在创业初期，为使企业尽快步入正轨，生产、销售等团队职权相对来说显得更为重要。至于技术创新、新产品开发，就相对次要一些。尤其要注意的是，创业团队的成员职权一定要明确，既要避免职权的重叠和交叉，又要做到经常在一起沟通与协调。

（5）计划

在确定了团队的职责和权限后，就需要决定如何把这些职责和权限具体分配给团队成员，这就需要通过计划来实现。换言之，要通过计划来指导各个团队成员分别做哪些工作，以及怎样做。创业团队的计划是从创业团队的整体出发形成的计划，它包括创业团队的领导和规模、领导职位设立的方式、领导者的权限与职责、创业团队各成员特定的职责与权限、各成员投入团队工作的时间等内容。

以上是创业团队的基本组成要素。在创业之初，团队的建设并不像想象中的那么简单，有时创业过程中会与团队组建一起完成，由于创业活动的特殊性，创业团队不必每一个要素都具备，但是建议创业者组建团队时尽可能考虑以上五个要素。

（二）创业团队的组建

创业团队能通过"1+1>2"的聚势效应来帮助创业者成功创业，但有时尚未磨合的团队也存在一定的劣势，需要创业者认真对待，制定完善的计划，扬长避短。创业者要注重选择能够与自身优势互补并符合企业需求的合伙人、关键的事业伙伴与管理者，这一点意义深远。

1.创业团队的主要构成

从成员所起作用的角度来看，创业团队由四种不同类型的成员构成：①初始创建者，通常指企业的发起人，素质特征包括受教育程度、前期创业经历、相关产业经验、社会网络关系；②核心员工，没有投资但在企业中具有重要作用的多个个体，一般情况下，核心员工是通过猎头公司、人才市场、媒体广告、熟人介绍招募的；③董事会，作用是提供指导；④专业顾问，包括顾问委员会、贷款方和投资者、咨询师。

从成员的角色分工来看，创业团队有九种角色。一支结构合理的团队应该由三大类、九种不同的角色组成，依据成员所表现出来的个性及行为特征来划分，这九种角色分别是栽培者、资源探索者、协调者、塑形者、监控者、团队工作者、贯彻者、完成者、专家，具体如表1-4所示。他们分别负责行动导向（执行团队任务）、人际导向（协调内外部人际关系）、谋略导向（发想创意）三类任务活动。这就是著名的"贝尔宾团队角色理论"。此理论可以帮助创业者在组建团队时，确保每个职位都能匹配合格的人才，并让团队成员正确分析自我能力与特质，找准自己在团队中的定位，同时不断优化自己的能力，形成优势互补。

表1-4 创业团队成员九种角色及其描述

角色	角色描述
栽培者	解决难题，富有创造力和想象力，不墨守成规
资源探索者	外向，热情，健谈，善于发现机会，善于与人交流
协调者	成熟，自信，是称职的主事人，能使决策更科学，分工更合理
塑形者	能激发人的活力，帮助成员在压力下成长，使成员有克服困难的动力和勇气
监控者	冷静，有战略眼光与识别能力，能对选择进行比较并作出正确的决策
团队工作者	性格温和，敏锐，老练，善于倾听，能减少摩擦，平息争端
贯彻者	纪律性强，值得信赖，办事高效，善于把想法变为实际行动
完成者	勤勤恳恳，尽职尽责，积极投入，善于弥补差错或遗漏，能按时完成任务
专家	目标专一，能自我鞭策，具有甘于奉献的精神，能提供专门的知识与经验

2.创业团队的组建原则

创业团队的组建，没有统一的标准化规程，每个团队都有自己独特的组建方式。作为创业者，要想组建一支最适合自己的创业团队，应遵循以下原则。

（1）共同的创业理念

共同的创业理念，是组建创业团队的一个基本准则，其指导着团队成员如何工作和如何取得成功，决定着创业团队的性质和宗旨，并且关系到创业的目标和行为准则。从某种意义上讲，创业理念甚至比机会、商业计划、融资等细节问题更为重要。不少拥有杰出的技术或其他相关技能并拥有良好教育背景的人在一起创业，却由于缺乏共同的创业理念，而成为个人主义竞争的牺牲品。他们的极端个人主义与团队的一致性格格不入，最终导致创业的失败。虽然促使团队成功的理念不完全相同，但还是有一些共性的，如具有凝聚力、合作精神、长远发展意识等。

（2）共同的创业愿景

所谓创业团队的共同愿景，是指这个组织中所有成员共同的发自内心的意愿，它能够激发所有成员为实现这一共同愿望而奉献全部的精力，完成共同的任务、事业或使命。共同的愿景能让团队成员产生共鸣，使全体成员紧紧地连在一起，淡化人与人之间的利益冲突，从而形成一种强大的凝聚力。只有当人们致力于实现某种他们非常关切的事业和使命时，他们才会忘掉自己的私利，才会真正地团结起来。共同的愿景包括企业蓝图、企业价值观、使命感、目标导向等。

（3）相互信任

没有信任，合作是进展不下去的。创业者要想成功组建创业团队，需要团队成员相互信任。换言之，团队成员彼此相信各自的品格、个性、特点和工作能力。然而，我们在日常的人际关系中会体会到：信任是相当脆弱的，需要花大量的时间去培养且很容易被破坏，破坏之后要恢复又很困难。而且，只有信任他人，才能被他人信任。所以，要重视群体内的相互信任问题。

四、创业机会

（一）创业机会的内涵及其识别方法

1.创业机会的内涵

创业的过程伴随着自身社会网络的重构。在这一过程中，能否积极构建有利于创业机会识别、创业成效提升的社会网络，是创业者面临的重要任务。

创业机会根植于市场之中，可具体表述为存在于市场中的一种获利机会。在这一观点指导下的最简单的创业机会就是套利，即在某种商品拥有两种不同价格的情况下，创业者以较低价格买进，以较高价格卖出，从而获取利润。个体或组织间的关系状态结构催生了创业机会，即在特定的关系结构中，一个个体或组织较其他个体或组织而言所具备的信息优势和控制优势。

人们与周边环境的互动创造了创业机会。创业机会不是以一种脱离环境的形式存在的。创业机会被界定为一种人们创设的状态,即一种通过新方式、新目的关系形成的,并且能够引入新商品、新服务、新市场和新组织方式的状态。创业机会具备吸引性、持久性和适时性的特征,创业者可以利用创业机会为客户提供有价值的产品或服务。

创业机会有技术机会、市场机会和政策机会三种:技术机会是指由技术变化带来的创业机会,主要源自新的科技突破;市场机会是由市场变化产生的创业机会;政策机会是政府政策变化带给创业者的创业机会。

所谓创业机会,可以对其进行简单的定义,即创业机会是一种具有吸引力,可以让投资者迅速收回投资的想法或者主张。但是一个好的想法不一定就是一个好的创业机会,比如一项新的技术可以带来一个非常具有创意的产品,但是这种产品在市场上的需求度可能很低。一个想法可能听起来不错,但是如果这个想法在市场中没有竞争力,也没有必要进行投资。虽然市场中也会有部分需求,但是其需求的数量往往不能收回成本。大多数发明家的想法听起来很好,但是不能经受住市场的考验。

2.创业机会的识别方法

创业者利用各种手段对市场机会进行识别,这是一个探索与思考互动的过程,也是将创意转变为创业机会的过程。以下为识别创业机会的方法。

(1) 做最擅长的事

万事开头难,良好的开端是成功的一半。在做自己擅长的事时,人们的自信和勇气是最强的,因此成功率也是最高的。

最有可能干好的事情,也就是创业者最擅长的事情。擅长就是与别人竞争的时候具有的优势。只有在自己擅长的事情上下功夫,才能成为专家,才能拉开和别人的差距,才能在竞争中脱颖而出。

(2) 做最喜欢的事

只有做自己最喜欢的事情时,人们才会表现出废寝忘食、不知疲倦的状态。比如爱迪生,他平均每天有18个小时待在实验室里,当他的家人劝他休息时,他说我没有在工作,我一直在玩。可以说爱迪生的成功在很大程度上是由于他做了自己最喜欢的事情。

(3)做最熟悉的事

在做同一种生意的人群中,如果只有一个人赚到钱的话,那么这个人一定是对该生意比较熟悉的。同理,在这个群体中,如果只有一个人赔钱的话,那么他一定是不懂这一行业的人。

(4)做最有人脉关系的事

合伙创业,也叫团队作战。创业的成功与他人的帮助是分不开的。成功靠的是15%的专业知识和85%的人际关系。反过来说,在人们最擅长、最熟悉的领域,朋友也会相对多,具有共同爱好和志趣的创业者,在创业初期都可能成为志同道合的新朋友。

善于用人,增加助力。在创业的过程中,要善于对其他人和物进行利用,善于对现有资源进行整合。合作就是一部机器,机器需要不同的零件。一个优秀的合作团队,不但可以给创业者的能力发挥创造良好的条件,而且也会产生新的力量。

整合资源,寻求共赢。创业成功既需要个人的努力,也需要搭建一个资源整合平台,在这个协调整合的过程中,需要把市场信息、人际关系和个人职业技能综合起来。

(5)收购现有企业

收购是指用现金、股票、债券或其他资产购买一家公司的股票或资产,以获得对目标公司本身或其资产实际控制权的行为,被收购企业仍然保持其原有的独立法人资格。创业者在进行收购之前要了解以下知识。

首先,收购的误区。通常人们都把创业简单地理解为一定要亲自创立一家企业,并从小做大。其实,收购现成的企业(并购经营成功的企业、收购待起死回生的企业)、购买他人智能(如收购知识产权)等,为经营已经稳定或有一定规模的企业注入创新元素,以适应新的市场需求,也是一种创业。

其次，收购的优点。收购现有企业可以降低企业开办成本，被收购企业往往在商誉、产品、客户、广告促销等方面具备一定基础，稍加改变就可以掌控。近年来，很多创业者就是通过收购进行创业的。这对于期望快速拥有自己企业的创业者来说，不失为一条捷径。

再次，收购企业的缺点。收购价值的评估是非常重要的环节，有时还需要做好企业报表审核、企业债权债务调查、销售业绩评估和无形资产价值估算等。同时，有的企业原有的管理制度和企业结构不甚合理，收购后需要进行改造和重新设计。

最后，收购的程序和关键点。一般来说，收购一家企业需要经过确认目标、考察与评估、交易谈判、签订合同这四个过程。关键环节有收购前的调查与分析、对未来的预测、收购企业财产法律责任认定等。

总的来说，对于期望迅速创业的创业者来说，收购现有企业是一个可行的方法。

（6）特许经营和加盟

一般来说，特许经营和连锁经营是两种不同的营销模式。

特许经营的核心是特许权的转让，需要特许人和受许人一对一签订特许合同。特许经营是指签约后，受许人可有偿使用其名称、商标、专有技术、产品及运作管理经验等从事经营活动。经营的各个分店之间是独立的。

连锁经营的核心是分店属于同一资本所有，经营的是同类商品和服务，由同一总部集中管理。总部对分店拥有所有权，对分店经营中的具体事务有决定权；分店须上缴总部一定的利润，分店经理实际上是总部的一员，完全按总部要求行事。

（二）创业机会中的项目选择

对创业机会的把握最终体现为选择一定的创业项目，并付诸实施。创业项目选择的结果在很大程度上决定着创业能否成功。

1.创业思路、创业备选项目与创业商机的联系

创业活动的实施,要经历产生创业思路、选择创业备选项目到确定最终的创业项目等过程。

创业思路,是一种未经市场需求评价和竞争分析检验的想法。它可能来自环境,也可能来自人们的头脑。创业思路可能成为创业的备选项目,然而其中绝大多数会因未能通过创业机会评估而被否定。但创业思路是创业机会的源泉,是寻找并确定最终的创业项目的起点。

创业备选项目是创业思路的具体化。创业商机是在一定时间和空间条件下,存在于客观环境中的一种未被别人发现或未被满足的夹缝市场需求,是具有潜在增长性、一定模糊性、较高回报性和适度风险性的创业备选项目。造成创业失败的原因有很多,其中一个重要原因是很多创业者分不清创业思路、创业备选项目与创业商机的区别,高估了创业思路或创业备选项目。

创业思路、创业项目和创业商机是创业活动的"三部曲",既有联系又有区别。创业商机来自创业思路,但是一个好的思路未必就是一个好的商机。思路是商机之源,但只有经过筛选的思路才可能成为商机,5～10个创业思路可能展开成为100个备选项目,从中可能筛选出一个好的商机。没有大量的创业思路和备选方案,就不会有好的商机。因此,创业者要广泛地收集素材,大胆地设想方案,开发大量的创业思路和备选项目。

2.创业项目选择的原则

我们总结创业者的成功经验后发现,在选择创业项目时,遵循以下原则比较容易获得成功:

第一,选择自己熟悉的创业项目;

第二,选择自己喜欢的项目;

第三,选择自己能做的项目;

第四,选择有市场潜力的项目;

第五,选择经济效益好的项目;

第六，选择竞争优势强的项目；

第七，选择风险比较小的项目。

3.创业项目选择的注意事项

（1）选择适合自己的项目

应尽量选择与自己的专业、经验、兴趣、特长相吻合的项目，这样才具有内在和持久的动力，成功的可能性才大。

（2）从实际出发，不贪大求全

在选择了某个项目后，最好适量介入，以较少的投资来了解和认识市场，这样，即使出现失误，也有挽回的机会。等到自认为有把握时，再大量投入，放手一搏。

（3）不盲目跟风

当今，各种信息充斥每个角落，许多人都是根据信息来选择项目的，人云亦云，盲目跟风，不顾自身条件，一心追求当前最流行、最赚钱的行业。但是，做热门生意不见得一定会赚钱，而且相关市场往往已经饱和或趋于饱和，利润也不如早期大，盲目闯入，容易造成投资损失。

（4）深入调研，科学取舍

在创业之初，一定要认真进行市场调研、市场分析与预测、最佳方案论证、经济分析与比较和投资风险分析，慎重确定创业项目。

五、创业企业的管理

管理是一门科学，也是一门艺术，有强大的力量和功效。每一位企业的管理者，都应充分认识到自己的责任和使命，通过科学有效的管理，为企业发展寻找更多的商机，创造更多的财富。任何企业只要从本企业实际出发，建立合理的体制模式、组织形式、经营方式等，就能最大限度地调动并发挥企业的潜能，让企业充满朝气与活力，提高企业的竞争能力，并在不断变化的市场中开拓属于自己的生存空间。

管理是通过计划、组织、控制、激励和领导等环节来协调人力、物力和财力等资源，以期更好地达成组织目标。企业管理要点是建立企业管理的整体系统体系。企业管理是运用各类策略与方法，对企业中的人、机器、原材料、资产、信息、品牌、销售渠道等进行科学管理，从而实现组织目标。由企业管理衍生出诸多管理分支：人力资源管理、生产流程管理、物流管理、信息流管理和资金流管理等。

（一）创业企业融资

融资是指资金盈余方通过借贷、购买有价证券等形式把资金使用权让渡给资金短缺方，并在让渡的过程中取得相应的报酬。融资有两个显著的特点：一是资金所有权与使用权分离；二是资金盈余方要取得一定的利息、股息等作为让渡资金使用权的报酬。创业融资是指资金盈余方将资金的使用权让渡给创业者用于创业的一种融资方式。

创业企业在不同的生命发展周期有不同的融资需求，因此要把握各个阶段的融资特点。只有这样，才能顺利推动融资的进行，确保企业的平稳发展。

在第一阶段的"种子期"，创业者多以科技成果或创意理念为基础，构想产品或者服务，产品发明者或创业者需要投入一定数额的资金进行研发，并在市场上验证其创意理念或产品的可行性。

通过对产品的检验以及对市场的分析，产品成功研发后，企业就进入第二阶段，即"初创期"。创业者开始着手创办企业并尝试进行批量生产。此时，企业需要一定量的资金购买生产设备，进行产品开发和市场销售，这些环节通常对资金的需求量较大，一旦资金周转出现问题，企业马上会面临夭折的风险，并且由于企业没有经营记录，也没有可以进行抵押的固定资产，因此从银行获得大量贷款的可能性比较小。当然，创业期的长短也会因产品项目的不同而有所差别，通常为半年到五年不等。

如果创业企业初期产品上市，能顺利打开市场，那么企业就进入第三个发展阶段，即"发展期"。为进一步开发产品并继续扩大市场，企业需要更多的资金来保持稳步发展。但如果创业者不能准确把握发展方向，盲目投入大量资金，企业会因资金链断裂而破产。此时一般中小企业还远远没有上市的实力，如果从金融机构进行融资，则需要创业者个人的担保，因此筹集资金依然有较大的困难。而当企业发展到一定规模，开始较为稳定、持久地占领一定市场份额，出现较大盈余时，企业才算进入"成熟期"。如果企业的经营状况接近上市公司审查的要求和条件，那企业就可以开始计划在市场上公开进行资金筹措了。

纵观企业的发展周期，在初创期和发展期，融资的成功与否对于企业的发展相当重要。在创业企业的早期发展阶段，融资是帮助企业迅速正常运转、为企业的快速发展提供有力支持的重要因素之一。融资是现代创业型企业早期快速发展的重要方式，同时也是在发展阶段解决创业型企业发展瓶颈的关键因素，对企业发展有着重要的意义。为此，认真研究并掌握创业企业的融资特点、方式及策略，是保障企业顺利创立，促进企业健康、稳步发展的基础和保证。

（二）创业企业的具体管理方法

1.理念和经验注重中西合璧

创业企业还不够成熟，借鉴国内外先进的管理理念，能使创业企业发展少走弯路。其中，人的管理要放在第一位，要积极开发人力资源，要培育团队精神。具体包括有明确合理的经营目标；领导者廉洁自律，起到楷模作用；强化沟通，充分调动团队成员的积极性；形成科学的管理制度，激发成员参与公司建设的热情。

2.鼓励创新的企业文化

文化是社会发展的内在源泉，企业文化是企业发展的内在动力，先进的企业文化最终会给企业带来核心竞争力的持续提高。通常，优秀的企业有以下特点：重视企业文化的建设和实施，为员工创造良好的创新空间，注重企业整体形象和整体竞争优势，有鲜明的企业理念和独特的企业文化氛围，注重诚信等。为使企业克服自身的弱点，尽快建立现代企业制度，企业管理者应大力提倡并建设企业文化。

（1）创业阶段企业文化的层次

企业是构成社会经济实体的基本单位，企业在经营管理的过程中必然会产生一系列的文化现象。当然，不同的企业有不同的特点，其文化也展现出一定的风貌。企业文化是一种从实际从事经济活动的组织之中形成的组织文化。它所包含的价值观念、行为准则等意识形态和物质形态均为组织中的成员所共同认可。企业文化是企业的灵魂，是推动企业发展的不竭动力。

企业文化包含以下三个层次。

第一，精神层。即渗透到员工思想观念中的文化内涵，它从根源上影响和指导员工的行为。

第二，制度层。即通过制度、规章等规范员工行为，通过强压方式形成的外层文化。

第三，物质层。它具有短暂性和易于粉饰性的特点，如企业可通过改变厂容厂貌、更换员工制服等方法来提升整个企业的形象。

从广义上讲，初创企业的企业文化是指与创业有关的社会意识形态、文化氛围，其中包括人们在追求财富、创造价值、促进生产力发展的过程中所形成的思想观念、价值体系和心理意识，主导着人们的思维方式和行为方式。从狭义上来看，初创企业的企业文化是对于创业期的企业文化建设而言的，一般来说，它首先来自企业家的某些观念、直觉和行为习惯，并作为成文或不成文的条例或规范用以指导和约束员工。通过提炼、规范和长时间的灌输，逐渐融入员工的行为甚至观念中，久而久之就形成企业独特的价值观，即企业文化。

（2）创业阶段企业文化的特点

对于初创企业的企业文化，其特点也比较明显，主要体现在以下方面。

第一，个人光环性。初创企业往往是创业者一手打拼出来的，企业的方方面面都会留下创业者的思想印记，这种印记也是创业者性格的体现。于是，在具体的企业文化形成之时，创业者的思想自然也就融合进去了，个人光环也由此形成。

第二，自发形成性。创业者对于企业的控制在初期一般是比较强的，创业者总是在自觉与不自觉间将自己的某些人生观、价值观以及一些行为习惯传递给员工，用以指导和约束员工，久而久之就自发地形成了企业文化。

第三，非理论性、非系统性、简洁性。处于创业阶段的企业由于其尚处于初创阶段，规模小、历史短，其企业文化往往是模糊的、零碎的，因而具有非系统性。另外，中小企业在创业阶段没有精力和条件建立系统的企业文化体系，但这并不意味着创业期的企业可以不要企业文化。恰恰相反，创业企业由于创业物质条件相对匮乏，更需要有自己的核心理念，并以此来鼓舞和激励员工，制定正确的发展战略。

3.灵活的企业战略

战略选择是企业成败的关键因素。对经营战略进行合理选择，是创业企业的关键。所以，创业企业如果不能从战略的高度来思考，则不仅难以取得成功，而且容易陷入困境。

4.严格的制度规范

对于一个快速发展中的企业来说，把各种规章制度和操作流程规范化尤为必要。制度规范包括很多方面，如企业的基础建设层面、职能管理层面、企业发展层面、运作层面。这种制度规范是一个全方位、逐渐完善的过程。

对于创业企业来说，必须掌握适合自己企业的管理模式，寻找适合创业企业发展的战略、文化和制度，以促进创业企业的持续发展。

第二章 大学生创业及"互联网＋"背景下的创新创业教育

第一节 大学生创业

一、大学生创业的时代背景

（一）社会进入互联网时代

1.互联网的本质和特性

（1）互联网的本质

互联网是一个既新颖又神奇的事物，现阶段已成为人们获取信息的主要工具之一，它不仅提高了人们的工作效率，还改变了人们的生活方式。利用互联网，人们可以浏览各种信息，如历史文献、学术论文、产品广告、时事新闻等。

互联网的第一本质是共享。互联网可以实现资源共享，也就是信息资源在网络上的互通互联。这些信息资源包括网站的资讯、图片、软件等。

互联网的第二本质是互动。互联网可实现全网民参与的互动，包括业务交流、构建网络圈子等。

互联网的第三本质是虚拟。互联网的虚拟性是互联网发展最突出的特点之一，具体表现在即时通信和网络游戏中。

互联网的第四本质是服务。互联网作为一种行业，要生存和发展，或者要得到社会的认可，就必须有所付出，付出的形式就是提供服务。

（2）互联网的特性

互联网具有较强的数据通信能力，成本低、效益高，易于分布处理，系统灵活性高，适应性强，各计算机既相互联系又相互独立。由于互联网的类型很多，因此其特性也有很多，基本特性如下。

第一，连通的任意性。连通的任意性指互联网中的用户可以互通信息，这不仅是互联网必须满足的基本特性，也是社会对互联网的基本要求。在网络系统中，各计算机既互相联系，又相互独立。

第二，信息的透明性。信息的透明性是指互联网不应对进行信息传输的用户有太多的要求，不管是音频信息、视频信息等都可以进行传输。一个理想的互联网，应使用户的任何形式的信息都能在网络中传递。

第三，网络服务的可靠性。可靠性是指在概率的意义上，使平均故障间隔时间（两个相邻故障间时间的平均值）达到要求。互联网的智能化，能从多方面提高网络的性能，并更加合理地对各种业务进行管理，真正以分布和开放的形式向用户提供服务。计算机网络系统摆脱了中心计算机控制结构数据传输的局限性，并且信息传递迅速，系统实时性强。网络系统中相连的计算机能够相互传送数据信息，使相距很远的用户之间能够即时、高效地交换数据。

第四，入网的灵活性。灵活性是指当一个网络建成后，也允许新用户或新业务顺利入网。如果一个网络建成后，不允许新用户或新业务入网，也不能与其他网络互联，那么这样的网络是不符合要求的。开放式的网络体系结构，使具有不同硬件环境、不同网络协议的网络可以互连，真正达到资源共享的目标。互联网使微机用户也能够分享到大型机的功能特性，充分体现了网络系统的"群体"优势，能节省投资和降低成本。

第五，服务种类的多样性。在互联网中，不同用户既可以进行文字交流，也可以交换和共享数据信息；既可以进行真诚的语音交流，也可以进行富有感情色彩的多媒体信息交流。

2.互联网成为创业环境中最重要的物理支撑

互联网对人类社会的生产及生活方式有重大影响,特别是随着移动互联网的快速发展,互联网仍然在快速地向更多经济领域拓展,成为影响经济发展的重要因素。

从创业的角度来看,互联网的影响主要体现在以下两个方面。

第一,互联网在实体经济领域的拓展性应用。除了我们已经熟知的网络销售、网络书店等业务,一些传统服务领域也借助互联网实现了产业升级和发展。

第二,互联网技术本身不断发展,开辟了许多新的创业空间。互联网,特别是移动互联网成为当代创业环境中重要的物理支撑。哪里网络发达,哪里就能为创业提供肥沃的土壤。

(二) 世界经济步入大数据时代

所谓大数据时代,是指随着互联网的发展和云计算的产生,数据渗透到当今世界的每一个行业和业务领域,已经成为重要的生产要素。

数据挖掘和应用本身成为创业的重要领域。如阿里巴巴集团在经营淘宝、天猫等网络交易平台,支持众多中小企业完成网上交易的过程中,也积累了大量消费者信息数据,对这些数据的挖掘成为重要的新型商业领域。

重视商业数据的积累成为创业企业获得核心竞争优势的重要内容。在现阶段,数据成为重要的生产要素,现代经济的很多规律均体现在庞大的商业数据之中,如果不掌握这些数据,就难以获得核心技术知识,进而失去核心竞争力。未来国际创业环境中起决定作用的不是生产什么样的产品,提供什么样的服务,而是如何利用有关生产与服务的数据。

(三) 社会进入知识经济时代

如今的经济是世界经济一体化条件下的经济,是以知识决策为导向的经济,这促使我们重新审视与认识身边发生的一切事物。知识经济也称智能经济,通常指建立在知识和信息的生产、分配和使用基础上的经济。它是和农业经济、工业经济相对应的一个概念。

知识经济是人类的知识，特别是科学技术知识累积到一定程度，以及知识在经济发展中发挥的作用增加到一定比重的历史产物。同时，也是信息革命导致知识共享，能够高效地产生新知识的时代产物。

1.知识经济的特点

第一，知识经济是以新科技革命为依托的信息化经济。工业经济的发展和繁荣直接取决于资本、资源、硬件等因素，片面追求产品技术的极致和单一商品生产规模的最大化。而知识经济直接依赖知识或有效信息的积累和利用，将知识作为经济发展的内在驱动力，强调产品的数字化、网络化和智能化。

第二，知识经济是以高科技人才为核心的人才经济。现代国际竞争是综合国力的竞争，其关键是科学技术，特别是高科技领域的竞争，而其中起决定作用的是人才的竞争。

第三，知识经济是一种创新经济。这种创新是建立在最高科技成果基础上的、在一系列新兴领域的开拓与创造。这些领域具体包括信息科学技术、新材料科学技术、空间科学技术、海洋科学技术、有益于环境的高新技术和管理软科学技术等高新技术产业。

第四，知识经济是真正意义上的全球一体化经济。全球信息网络的开通及进一步发展，不仅使全球信息资源共享成为可能，也为人们充分利用和共享信息资源提供了更便利的手段和更为广阔的发展空间。

2.知识经济时代的创业活动

知识经济时代的创业具有增加就业、促进创新、创造价值等功能，同时也是解决社会问题的有效途径之一。

（1）创业是社会就业的扩容器

有些人认为，知识经济只是在一定程度上改变了就业的方向和结构，而不可能解决就业问题。事实上，新创企业可通过提供岗位、服务社会来带动就业。

创业型中小企业更是发挥了重要作用,创造了大量就业机会,尤其是在大企业进行裁员时,中小企业在稳定就业方面起着越来越重要的作用。再者,大学生创业一方面解决了自身的就业问题,另一方面也解决了部分社会人员的就业问题。在全社会广泛开展创业活动,有利于解决社会就业问题,为构建和谐社会贡献力量。

(2) 创业是科技创新的加速器

知识经济时代的创业可实现先进技术的转化,推动新产品或新服务的不断出现,创造新的市场需求,进一步推动和深化科技创新,从而提高企业或整个国家的创新能力,推动经济增长。创业是新理论、新技术、新知识、新制度形成现实生产力的转化器,新建立的企业要想在激烈的市场竞争中站住脚,就要使用先进的生产技术,采用科学的技术手段。因此,创业可以加速科技创新。

(3) 创业是经济发展的动力

在知识经济时代,无论是在发达国家,如美国、英国,还是在发展中国家,如中国,创业都是一个国家经济发展中最具活力的部分,是国家经济发展的动力。我国在改革开放以后,逐步建立了社会主义市场经济体制,积极支持个人投资兴办企业,新创办的中小企业成为我国新的经济增长点,对促进我国经济持续高速增长,以及促进我国的城市化进程和现代化建设,都起到了重要的作用。

(4) 创业是社会进步的推动器

创业活动促进了社会经济体制的改革和深化,繁荣了市场,丰富了人们的生活,提高了人们的生活质量,促进了社会稳定和谐,是实现共同富裕的有效途径。

3. 知识经济时代的创业关键

在知识经济时代,知识已经取代传统的有形资产成为支撑竞争优势最为关键的资源,"科技创新"因此成为这一时代创业活动的大趋势。在动荡、复杂的竞争环境中,知识要比其他资产具有更快的更新速度,因此优秀的创业者还需要及时、有效地将创新成果转化为商业价值,如此才能在多变的市场环境中保持长久的优势地位。

知识经济时代创业有如下关键要素。

(1) 持续创新,拥有自主技术

在全球化环境下,信息、技术和人才成为创业的关键因素,也是企业间竞争的焦点。一些企业凭借对技术和知识产权的占有,在市场上获得垄断地位并控制市场。在金融危机后,世界范围内的经济转型和资源重组为知识经济背景下发展中国家的企业实现跨越式反超提供了机遇,创业者唯有勇于承担风险和持续创新,才能获得核心竞争力和后续发展动力。

(2) 技术引领市场,挖掘潜在需求

在知识经济时代,创业者需要学会利用独创的知识来开发新产品,挖掘潜在需求,而不是仅仅为了生存而瓜分和扩大现有市场。潜在需求中的"需求"是企业通过技术引领而创造的。挖掘潜在需求,要求创业者必须兼具敏锐的洞察力和强大的创新能力。从个体角度看,如果挖掘潜在需求的创业者能够在这一新领域精耕细作,那么很容易与竞争对手拉开差距,成为行业的引领者并获得成功;从整体角度看,企业挖掘潜在需求能够开发更大的市场,创造更多的就业机会,更好地推动社会经济发展。

(3) 兼容并蓄,快速改革

知识经济时代的知识具有信息量大和更新速度快两大特点。单个创业者很难拥有所需的全部知识。面对全球化进程下越来越激烈的竞争环境,唯有兼容并蓄,以开放的心态进行广泛的知识合作,才能获得创业中所需要的源源不断的前进动力。创业者还需要拥有乐观积极的态度,把握市场方向和需求,并予以快速响应,抓住变革的方向和节奏,这样才能在不断变化的环境中取得成功。

(4) 全球化的胸襟与眼光

在全球化时代,一旦选择创业,那么无论愿意与否,客观上都不可避免地卷入全球化竞争。因此，拥有全球化的胸襟与眼光显得尤为重要，具体表现在两个方面：第一，有融入全球化的勇气，即使处在创业初期，这份勇气也尤为重要，因为机会面前人人平等，只有拥有全球化的勇气，才能抓住全球化的机会；第二，有全球布局的思维，在互联网时代，来自全球的潜在顾客都有可能成为目标客户，而世界各地的货源也都有可能成为自己的创业资源，创业者需要运用全球化的思维整合资源，针对不同市场采取不同的策略。

二、大学生创业的创新特性

创业的首要特性就是创新性，创新与创业紧密结合。创业是"开创事业"，创业活动必然伴随着创新活动。因此，在本质上，创新与创业具有一致性，两者密切联系，不可分割。通常情况下，大学生的创业活动是基于其专业知识背景来开展的，是基于创新的高水平创业活动，这也是大学生创业与一般创业的区别之一。

创新的概念涵盖范围很广，包含了推动社会发展的所有的技术、方法、系统等维度的变革和价值实现的宏观过程。创业则是具备创新精神的创业者聚焦某个领域开展的实践性、经济性的微观活动。创新是创业活动必不可少的，是创业活动的核心和本质。创业者的创新精神表现为乐于尝试并勇于改变，体现了创业者积极的精神面貌和处事态度。创业活动则聚焦在行动层面，是创业者在经济领域开创新事业的活动，是创新行动的具体化和表现形式。

创新与创业都是利用资源实现价值增值的活动，都以价值实现为最终目的。成功的创业活动往往离不开创新。

三、大学生创业的主体分析

（一）大学生创业者的分类

创业者是创业的主体，大学生创业的主体是大学生，一般可以分为技术型大学生创业者、创意型大学生创业者和社会资源型大学生创业者。技术型大学生创业者一般拥有一定的技术资源，依靠这种技术资源可以在市场上形成一定的竞争优势；创意型大学生创业者一般对某个创业项目的运营模式有一定的创意，能够创立一个新的行业或新的商业模式，从而获得竞争优势；社会资源型大学生创业者主要利用自己所掌握的社会资源，如家族产业、特许经营权、特定的人际关系等开展创业活动。

大学生创业的主体是大学生，创业者具有非常强的独立自主性。无论是哪种类型的创业活动，所有技术、创意和资源的来源均为大学生创业者及其创业团队。

（二）大学生创业者的特点

寻求机会、整合资源和创造价值是所有创业活动的共同特征。大学生创业者与其他创业者有一定的共性，但是由于其主体的特殊性，大学生创业者也有一定的独特性，具体如下。

1.心理特点

大学生创业者创新意识强烈，受到传统思想的约束较少。这有利于他们开展创业活动。但是，大学生创业者经历的挫折少，心理成熟度不够，承受能力差，对各种困难的准备不足，遇到挫折时容易放弃。

2.知识结构

大学生创业者文化程度相对较高，在校时掌握了一定的专业知识技能，甚至获得了一定的知识产权（如专利等），对先进技术的理解较为深刻。但是，部分创业大学生缺乏经营管理的相关知识。

3.综合素质

大学生创业者经过高等教育的培养，个人综合素质较高。但其参与社会实践的机会较少或参与面较窄，动手能力相对较差，对社会缺乏了解。

4.资源匮乏

大学生创业者通常自身没有资金、人脉等资源，往往缺乏可供抵押或可作担保的资产，融资能力相对较差。

想要真正做好创业这件事，大学生就要做到知己知彼，了解自己的优势和劣势，扬长避短。

对于大学生而言，创业也可以有广义和狭义两个维度：广义上的创业是指大学生通过个人努力，找到并开创自己的事业；狭义上的创业，就是前面提到的大学生创办企业。大多数大学生毕业后可能不会创办企业，但无论是否创业，每个人都能在各自的工作岗位上创造自己的美好生活。

四、大学生创业的意义

大学生创业对于社会经济发展和大学生个人成长都有非常重要的积极意义。大学生及其创业团队要把握创业机会，利用政府、社会和学校有关创业资源，充分发挥自己的特长，最终创立企业或组织。如此，不仅能实现自我就业，还能为社会创造大量的财富，以创业带动就业。即使创业失败，其创业经历也会给后来的创业者提供宝贵经验，给自己积累经验。从创业的广义范畴来看，大学生在工作岗位上通过自己的努力开创属于自己的事业，对个人、家庭和社会都有积极作用。

(一) 对社会发展

1.促进经济发展和经济结构转型

现代化的实现离不开经济发展和经济结构转型。改革开放以来，我国经济得到长足发展，GDP（国内生产总值）增长率一直维持在世界前列。随着经济的增长，我国经济也面临着转型升级的需求。实际上，我国经济长期以来主要靠大量投资来支撑高速增长，这种增长模式比较容易造成产能过剩和内需不足等问题。大学生创业有利于我国自主型产业的开发和产业链的生成，能够促进我国经济的可持续发展。

在 21 世纪，科学技术被称为第一生产力，经济的发展从之前的以物质为基础，转化为现今的以知识为基础，社会经济进入了知识经济时代。因此，产业结构也应随之改变，由劳动密集型产业和资本密集型产业向技术密集型产业转变。

大学生作为接受过高等教育的群体，掌握了知识这一最有价值的资本，因此也就成为知识经济时代重要的人力资源。大学生创业就是将这种人力资源转换为社会生产力的有效方式，可以加快知识产业化的步伐，提高我国经济发展水平。

2.维护社会稳定

近些年，我国大学生的就业形势十分严峻：高校的专业设置与市场需求脱节，大学毕业生就业存在结构化矛盾；大学扩招后毕业生的数量越来越多，也使得大学毕业生的就业竞争更加激烈。

就业作为民生之本，是社会稳定的根源。假如一个人无法实现就业，就会失去主要收入来源，生活也会陷入困境；一个人实现了就业，才能解决自身的发展问题。由此可见，就业与人们最基本的生存和发展息息相关，提升就业率，有利于改善人民的生活水平，维护社会的稳定。

大学生创业是带动就业、增加就业岗位的一条有效途径。同时，创业也是就业的一种形式，可以更好地调动大学生自身的资源和能力，以一种更加贴合大学生自身理念的方式实现他们的职业理想和自身价值。

3.进一步推动科技创新

大学生作为接受过高等教育的群体，具有较强的创新能力，大学生投身创业活动之中，可以更好地将自己所学的知识技术转化为产品服务、商业创意，从而实现科技创新，更好地带动新兴产业的发展。

（二）对大学生群体

1.增加就业机会

随着高校连续扩招、政府机构改革、国有企事业单位改革、国家产业结构调整和供给侧结构性改革，我国每年都将新增大量待就业人员，而就业岗位的增长速度不及待就业人员的增长速度，这必然加剧高校毕业生的就业压力。鼓励大学生进行创业，变被动就业为自主创业，拓宽就业思路，是实施科教兴国和人才强国战略，全面建设社会主义现代化国家的时代要求。自主创业往往能推动产业发展和增加就业岗位，这些岗位也更符合大学生的个人期待，更能发挥大学生的能力，从而增加大学生的就业机会。

2.提高综合能力

创业所需的技能是复杂多样的，如领导能力、创新能力、执行能力、社交能力等。这些复合能力很难通过课堂教授的方式传授给大学生，但是这些能力的作用却是巨大的，不仅影响大学生的创业成败，还对其生活产生重要影响。因此，大学生创业的意义不仅在于它能带来经济价值，更在于在创业的过程中，大学生也能快速提高自己的综合能力。

在创业实践中，大学生可以学习创业发展的客观规律，增强创业信心，掌握创业技能，学会捕捉商机，提高创业管理能力。

3.实现自我价值

大学生就业难的一个重要原因在于：很多大学生在校期间对于自己的未来

发展准备不足，职业生涯规划模糊不清，对自身的能力没有正确的认识，也没有树立合理的职业目标，若到了毕业之际才开始慌忙准备，就很难找到适合自己的工作。大学生创业实践将给予大学生一个在学校、导师以及各种政策支持下的创业实践机会，让他们在这项活动中认识到自己的能力，树立合理的职业目标，进行职业生涯规划，为自己找到理想的工作奠定基础。

第二节 "互联网＋"背景下的创新创业教育

创新创业教育，就是创业教育和创新教育的简单结合或者是对创业教育的一种革新。事实上，创新创业教育是我国创造性将创新的理念和国外的创业教育有机结合在一起而形成的一个全新的概念。创新创业教育是目前学术界研究探索的焦点，已成为我国高等院校教育教学改革的突破口，也是落实我国创新型发展战略的重要举措。

创新创业教育是指以全体大学生为发展对象的，一种与时俱进的教育模式，是一种基于多种教育理念的全新的教育理念，是培养当代大学生的创业精神和提高大学生创新创业能力的新型教育，是鼓励高校毕业生自主创业的一种实践活动。这种教育模式革新了传统的教育观念，将教学与产业紧密结合，提高了当代大学生的综合素质，也顺应了信息经济时代的发展趋势。最重要的是，创新创业教育实现了从注重知识传授向重视创新素质培养的转变，为大学生的创业之路奠定了坚实的基础。

创新创业教育总体上能提高高校大学生的创新创业意识，强调培养学生的创新精神，从而使得高校大学生能够积极主动地发展自己的事业，而不再仅仅是等待别人选择。换言之，就是实现了自身从被动到主动的角色转换。创新创业教育与传统教育模式虽然有相同之处，但是二者还是存在差别的，创新创业教育有自身的独特之处，具体表现如下。

第一，创新创业教育相对于传统教育而言，主张以大学生为对象，有目的性地开设创新创业教育课程。一方面，给想要创业的学生提供创业指导；另一方面，给正在进行创业实践的学生提供关于企业经营管理方面的实践培训，比如开设创业规划、创业实践、企业经营管理等课程。

第二，创新创业教育应落实到实践层面，比如开展各种关于创新创业项目的活动、比赛，或是设立创新创业奖学金等，鼓励大学生自发成立创业中心、协会、社团等，让大学生更加直观地感受创新创业的形式、意义，从而激发大学生的创业兴趣。

第三，创新创业教育还要求各高等院校设立各种与创业相关的机构，比如创新研究中心和创业中心，从而为学生进行各种创新创业实践提供平台。

一、"互联网＋"背景下创新创业教育的必要性

创新创业教育在特定的经济转型时期，能够帮助学生顺利创业，对缓解学生就业难的问题起到非常重要的作用。创业者通过自主创业，不仅能解决自身的就业问题，还能创造出大量的就业岗位，帮助其他学生就业，从而较好地缓解社会岗位需求和劳动力资源之间的冲突，对现在社会就业难的问题起到一定的缓解作用，这也有利于促进社会的稳定、和谐发展。与此同时，它还能在一定程度上改变人们的就业观念，为培养具有创业实战技能和创新精神的人才创造条件。因此，在"互联网＋"背景下，进行创新创业教育是国内高校教育改革的一个重要方向。

（一）有利于提高国民综合素质

高校进行创新创业教育有两方面的意义：一是有利于培养学生的创业观念和创新精神，对提高国民综合素质具有重要作用；二是有利于完善中国转型时期的高等教育内容体系。创新创业教育改革是在传统教育的基础上进行的，有利于推动知识经济的发展，优化和改进市场经济体制，从而满足市场对人才的需求。创新创业教育不仅能够促进受教育者转变传统的创业观念和就业理念，还能对人们教育观念的转变产生积极影响。这也从侧面说明，中国高校教育改革取得一定的成绩，但是未来还有很长的路要走，而现在正是一个关键时期，决不能放松。广大高校应基于实际情况和教育现状，结合国外优秀的教育经验展开具有创新意义的教育改革，为形成中国特色的创新创业教育而努力。

教育改革涉及各个方面，无论是从教育理念到内容体系，还是从方法手段到环境设备，都要进行创新改革，从而完成创新创业教育的顺利转型。提高全民综合素质，使创新创业教育人才真正发挥自己的长处，确保国内经济建设的稳定发展，这也将是国内创新创业教育改革的重要目标。从教学体系的角度来看，平衡专业和行业之间的关系，并且让专业不断得到拓展，构建和完善受教育者个性化的知识结构体系，是创新创业教育改革所要达到的教育目标。要想使受教育者具备强烈的创新创业意识，从教学形式的角度来看，不但要发挥传统教学方式的积极作用，还要利用各种练习、角色扮演、案例分析及讨论等方法，帮助学生把握商机，抓住创业机遇，寻找更合适的创业伙伴；还可组织学生参与各种形式的创业实践活动，使其积累丰富的实践经验，为以后的创业做准备。这些都需要从根本上对传统教育模式进行改革，促进社会、经济和教育三方的协调发展，培养学生的创新精神，提高学生的实践技能。

因此，可以说创新创业教育不仅能提高国民综合素质，还能促进国内的高等教育改革。这是知识经济发展的必然方向，也是国家高等教育面对的重大挑战。而且进行创新创业教育改革也符合中国的基本国情，已经引起社会各界的普遍关注。

(二) 有利于推动区域经济发展

创新创业教育理念的深入发展,有利于挖掘和培养创新型人才,推动社会经济的稳定、快速发展。同时,也对区域经济发展起到一定的推动作用。一个区域若有自己的特色产业和优势产业,则这些特色产业和优势产业会是推动区域经济发展的重要内动力,而创业者也是区域经济发展的一个重要因素,他们的素质和能力都将直接影响经济的发展,对区域经济的长期稳定发展有着至关重要的作用。

(三) 有利于大学生的全面发展

国家经济的高速发展,离不开千千万万的高素质劳动者的努力付出和辛勤工作,而一个高素质的劳动者,不但需要在基础文化素质、技术、职业素质以及思想品德素质上达到一定水平,还要有较高的创业素质。创业精神和开拓精神是一个高素质劳动者所必须具备的精神,创业者的目光不能只停留在提高自身能力和实现自我价值的层面,更应该从国家富强的角度来看待自己的创业。

创新创业素质是受教育者应具备的最基本的综合素质,创业是一个长期的、艰苦的过程,会遭受各种各样的挫折,遇到各种各样的挑战。一个人的创新潜能和实践能力将决定他能否创业成功。而创业的成功更离不开扎实的创新教育。创新和创业的本质是创新实践,所有的创新创业活动的开展都是创新实践的体现(特别是高科技方面的创新创业),都需要通过创业实践证明其有效性。

创新创业教育是通过培养学生的创业技能和创业精神,从而促进其进行创业训练和创业实践,并不断培养学生创新能力的过程。创新教育和创业教育是紧密相连的、不可分割的关系。学生的发展关系到国家和民族的未来,因此培养他们的创新意识和创业精神,也是高校教育改革的重要目标和方向。

二、"互联网＋"背景下创新创业教育的现状

（一）创新创业教育的战略引领亟须强化

在"互联网＋"时代，创新创业教育在各国教育当中的地位越发重要。然而在产生根源和培育目标上的差异，导致各国推行创新创业的过程存在显著的差异。

美国的现代高等教育经历了一个充分的市场化过程。美国高校中与创新创业教育相关的课程、教学模式，一开始仅是少数学生和教师的一种开拓性尝试。因此，在美国，创新创业教育有一个较为充分的孕育过程。随着这种尝试取得了一定的社会效益和经济效益，创新创业教育模式也得到了学校各个层面的认同和支持。在学校，与创新创业相配套的制度得到完善，创新创业教育也逐步拓展到学校的各个层面，当"创新创业"成为学校这个生态系统里的"常客"，创新创业教育就能够自然而然地得到学校各个层面的有力支持。此时，学校通过与企业合作，开始建立一种长期、稳定的合作关系，进而获取学校层面无法获得的资源。当这种合作取得了良好的社会效益和经济效益后，高校开始重新在战略层面定位创新创业教育，创新创业教育进一步被认同，成为与学生全面发展密切相关的一部分。学生创新创业能力的培养开始内化为高校人才培育的重要内容，创新精神真正融入高校的精神内核中，高校从内到外形成了一个稳定、持续地进行信息交流、资源交换的生态系统。自此，美国高校形成了一套成熟的创新创业教育模式。

与美国相比，我国的情况有着显著的不同。经过数十年的发展，我国高校的创新创业教育实现了从简单倡导向系统化扶持的转变。但是，我国高校的创新创业教育最初缘于大学生就业上的压力。围绕着提高大学生就业率、缓解大学生就业困难而搭建起来的创新创业教育体系有着明显的功利色彩。与西方国家的创新创业教育相比，由于缺乏来自高等教育内部原发性的诉求，高校在创

新创业人才培养目标上产生了混乱。总的来说,我国高校的创新创业教育在整体上仍处于起步阶段。

1.创新创业教育理念有待强化

创新创业教育目标的不明确使得创新创业教育的理念浮于表面,并没有深入人心。创新创业教育首先要培养受教育者具备创新的意愿和个性,而后则是使其具备基本的创业技能和企业管理技能。由于缺乏对这两点的共识,我国高校的创新创业教育目前正呈现出一种"为了创业而创业"的状态。究其原因,主要有以下几点。

(1) 对创新创业教育的理解较为片面

在当前的大环境下,从教育主管部门到学校的师生,一些人对创业的认识仍较为片面。这种片面主要集中在以下三点:①部分教育主管部门把创新创业教育定位为引导和教会学生如何开办企业,无论是对创新创业知识的学习,还是对创新创业能力的培养,都被自然地归为高校毕业生就业指导工作,对创新创业教育的期望则是缓解大学毕业生的就业压力。②部分教师把创新创业教育认定为针对少数人的个性化或精英教育,属于第二课堂的辅导项目,由于与主要的考评体系脱钩,往往在落地的时候应付了事。③部分学生把创新创业教育简单地理解为"办企业,当老板",并不认为学校的创新创业教育能够真正提升其综合素质。

(2) 创新创业教育的工具主义倾向严重

因为创新创业教育具有实践性较强的特点,在达成共识前,创新创业教育极易被简单化,即把其当作个体获取某种实际好处的工具。例如,不少高校没有充分考虑现实条件,盲目采用"创业大赛"的形式推广创新创业教育;一些高校为了满足学生对技能的要求,开办创业类课程,但只关注实训和操作,不教授相关理论知识。上述种种情况折射出的是将创新创业教育庸俗化和工具化的倾向。在这种"实务"教育之下,实现创新型人才的培育和企业家能力的培养是十分困难的。

针对受教育者所学专业与创业之间的关系，笔者曾做过一次调查，将近半数的受访者认为所学专业与创业之间关系不大。这说明创新创业教育在开展的过程中，并未有效地融入大学现有的学习体系当中，它作为一种"外来物"，没有获得校内各方的认同。由于缺乏在学术上创新的原动力，创业行为很容易变成为创业而创业，创新创业教育则很容易沦落为一种实操工具。

2.创新创业教育政策制定有待完善

政策体系的基本特点就是其自身是一个内在统一的有机整体。目前，我国已经形成了比较完整的大学生创新创业教育政策体系。但在具体的实施过程中，部分高校的创新创业教育依然会受到各种因素的制约，尤其在"互联网＋"背景下，相关政策仍有待完善。

地方政府对创新创业教育所起的作用主要集中在政策、技能、资金的支持及风险防控上。这些层面的支持并不是一劳永逸的，它应该具有长期性和连贯性，只有这样才能使创业者在创新创业的实践过程中更有效地开展行动并取得成效。以创新创业促进就业，这种功利性的考虑使得在上层设计中对政策目标的考量不够长远。

从本质上来说，这种政策支持并非扶持创新创业，而是旨在解决就业困难等问题。以创新创业带动就业的思维模式，直接使得相应的政策设计有着明显的"应急"和"临时"色彩。大学生创新创业教育的提升需要从整体上进行思考。如何整合系统内部的资源，充分发挥系统内部不同要素之间的作用，保持创新创业教育生态系统对外部环境的开放，这些问题对创新创业教育未来的发展具有十分重要的意义。

创新创业教育应当从个体生命成长的角度出发，将维系和促进每一个学生创新创业意识的觉醒、创新创业精神的培养作为创新创业教育的根本任务。在创新创业教育系统的发展与运行过程中，各种要素必须以为学生提供服务为主要目标。教育者应当从观念、组织和制度等不同层面真正转型，将创新创业作为一所高校的重要理念，将高校的内部变革与创新创业教育、创新创业活动结合在一起。高校应重视大学生创新创业的教育和活动之间的相互渗透与相互影响，注重对大学生创新创业观念的培养和热情的激发，使大学生能够积极主动地接受创新创业教育。

（二）创新创业教育的内外保障体系亟待完善

创新创业教育是高校、政府、企业、家庭和学生多个要素相互联系、相互作用、相互支撑的一个协同系统。在"互联网＋"背景下，这些要素联系得更为紧密，但目前这些要素在创新创业教育中并没有发挥其应有的作用。这主要体现在以下方面。

1. 高校内部未对创新创业教育达成共识

部分高校内部各主要部门未对创新创业教育形成一致的看法，导致在制度层面、实施层面、活动广度和协作机制等方面存在一定程度的不足。

（1）制度有待完善

一是缺乏对创新创业教育的顶层设计，实施路径不清晰；二是制定的部分政策不具体，缺乏针对性、实效性。虽然政府出台了一系列鼓励大学生创业的政策，但是这些高校并没有把这些政策落实到位。

（2）实施的力度不够

部分学校未将创新创业相关课程列入必修课，未突出对大学生创新精神、创业意识和创新能力的培养，可供大学生选择的创新创业教育课程不多，创新创业教育师资队伍力量相对弱，教师指导学生开展创新创业的积极性不高，聘请的创新创业导师不能满足学生的需要。

（3）活动的深度和广度有待拓展

从创新创业氛围的营造来看，虽然不少高校举办了各种创新创业大赛、创新创业讲座，并通过互联网对进行创新创业的学生代表进行宣传报道，但影响面和影响深度还不够。很多创新创业大赛停留在选拔创新创业精英的层面，参与创新创业大赛的学生很少，未能达到学生广泛参与、创新创业意识深入校园各个角落的效果；对创新创业政策、典型人物的宣传基本停留在校园网的一两篇报道、宣传栏的一两张海报上，没有形成广泛关注、全校联动的长效机制；还未形成学生投身创新创业实践的热潮。

（4）创新创业孵化协作机制有待完善

目前，高校内部协作的各环节存在发展水平差距大、运作步调不一致等问题，不能满足孵化机制全面运行的需要，未能发挥校级创新创业教育领导小组的决策职能。教务处、学生处、科技处、就业指导中心、团委等部门的协同运作效率低，齐抓共管的良好格局尚未形成，存在补位缺失、工作重复等现象。

（5）创新创业教育共识有待形成

创新创业教育的各环节对创新创业教育的评价体系未能达成一致性认识，存在资源浪费和对重点项目投入不足等问题。部分教师对学生创业不认同，认为学生的主业是学习，不鼓励学生创业。

2.政策支持与高校实际需要之间没有充分契合

（1）部分政策没有得到有效贯彻执行

以部分高校为例，在创业的工商注册问题上，大多数创新创业团队希望利用学校作为注册地，但由于学校的土地性质为教育用地而非商业用地，需要办理一系列复杂的手续，所以以学校为注册地的难度较大，大多数创业企业只能在高校以外的社会孵化基地落地。再如，各地普遍出台了小额担保贷款、大学生税收优惠、资金补贴和场地安排等扶持政策，但由于部分政策并不能有效实施，创业的环境也并不理想，在实际经营中，会出现经营成本增加的现象。

（2）创业主体不知道相关政策的存在

教育部颁布了一系列支持大学生创新创业的政策和扶持措施，并且一些政策、举措已实施多年，但有相当一部分创业的学生对政策不太清楚，在创业过程中没有享受到应有的福利或支持。时至今日，这种信息不对称的问题仍然存在。

3.高校与外部环境的协同程度偏低

高校在开展创新创业实践活动时,与政府或企业共建创新创业教育平台的仅占少数,与企业之间的创新创业教育合作仍有很大的发展空间。高校与外部环境的协同程度偏低,需要寻找更多的切入点和共同点。

社会和企业对创新创业教育缺乏实际支持。当前,创新创业教育的最大问题是教育内容与实际情况有距离。一方面,从企业、高校和社会的联系来看,存在沟通渠道不通畅、对社会需求的反应不够迅速等问题。相对而言,高校在捕捉市场动态、分析市场需求等方面不及企业高效、快捷,故而在创新创业教育方面有一定的滞后性,需要企业进行相关信息的补充或更新。另一方面,很多企业并不认为高校的创新创业教育会对企业的发展有促进作用。虽然一些企业和高校签订了实习协议,但通常只是参观或者蜻蜓点水式的合作,企业没有提供专门的创业导师、创业扶持资金,也没有提供创业论坛、创业实习基地等有效平台。学校与企业之间缺少为学生提供项目、资金和场地等的长效机制和渠道。

4.社会对创新创业教育的认识有待转变

(1)企业支持创业的利益化动机强烈

在现阶段,大多数企业支持创新创业教育的目的停留在短期获利上,希望借助学校的技术、师资和资金等方面支持企业开设创业孵化基地,并通过招揽规定数量的实习生、生产创业孵化产品、利用学校进行推广宣传等形式为企业服务。总的来说,企业与高校合作创新创业的眼光过于短视,未能将目标放在培养企业人才、建立创新创业合作机制和服务社会等长远战略上,合作可持续性受到限制。

(2)家庭对大学生创业不认同

由于我国社会长期受传统文化观念的影响,多数家庭还存在根深蒂固的"学而优则仕"的观念,对创业不支持甚至有偏见。目前,很多家庭不支持子女创业,而是希望其将主要精力放在学习上,早早备考研究生或公务员。

（3）社会各界对大学生创业时机的看法不一致

研究人员针对该问题所做的调研显示，在校大学生、毕业不到三年的社会人士、创业导师等对创业的最佳时机有不同的看法。大多数人认为，在企业工作 1~3 年是创业的最佳时机，相关数据也证实此期间创业成功的占比最高。创新创业教育除了惠及在校大学生，也应囊括毕业后有志创业的潜在人群，只有对其进行系统的创业培训和创业跟踪，才能使创新创业教育形成全方位、多层次的格局。

（三）创新创业教育人才培养模式和体系有待健全

创新创业教育的落实需要一套包括教育目标、教育方式、课程体系、评价机制和组织结构等的人才培养模式，部分高校并没有一套较完备的创新创业人才培养方案。

1.创新创业教育的目标不清晰

创业目标的确定需要自上而下与自下而上相结合。自上而下是指从国家和社会的需求出发，如果是地方性院校，则要充分考虑当地区域经济发展的水平和未来发展方向；自下而上则是指需要充分考虑学生和专业的特点，同时兼顾学校的战略规划和人才培养目标。目前，各高校虽然纷纷出台创新创业教育改革实施方案、创新创业教育培养方案等，但部分方案仅在指导思想部分提出将创新创业教育融入创新人才培养的全过程，建立具有特色的创新创业教育体系，全面提升大学生的社会责任感、创新精神、创业意识和创业能力，培养高素质的创新创业型人才等要求，缺乏具有操作性和测量性的表述或指标要求。

2.创新创业教育的课程设置不合理

随着大学生创业活动的兴起，创新创业教育课程受到高校的重视和大学生的普遍欢迎。将创新创业教育内容融合在本科教育的课程体系中，采取合理的组织形式，优化课程结构，构建科学、合理的创新创业教育课程体系显得尤为重要。当前，创新创业教育课程体系并不能很好地满足创新创业人才培养的需要。

（1）创新创业课程的专业化程度有待提高

在创新创业课程的专业化上，除前面所述的创新创业师资方面存在的问题外，课程结构上忽视学生的个性特点、课程内容上忽视知识的多样化等问题，直接降低了创新创业教育课程体系的专业化程度。

当前，我国高校的创新创业课程仍处于起步和摸索阶段。一方面，在课程结构上，选修课居多，必修课和专业课较少，课程安排存在很大的随意性，缺乏全面、持续激励学生开展创业实践的教育活动，难以提高学生对创业能力的重视程度，导致出现部分学生为修学分而选课，选课者不了解课程设置意义等现象；另一方面，课程内容单一，许多专业没有创新创业教育系列课程，即使有，也不够系统和连贯。

此外，在设置创新创业课程的时候，高校并没有将实践操作列入课程内容，有些即使设置了，内容也不够丰富。目前，高校所开设的创新创业课程基本上是教师传授单纯的理论知识，而实践操作很少甚至没有，这种注重课堂讲授且缺乏实践的教学模式较为普遍。

总的来说，创新创业课程的专业化水平在与学生需求和社会需求相匹配方面仍然有极大的提升空间。

（2）创新创业课程体系建设的协同程度有待提升

目前来看，高校、企业、社会间的协同程度相对较低，具体表现在以下几个方面。

一是未能实现校内协同。部分高校将创新创业教育等同于专业知识教育，只在传统教学课程中安排教授，未能建立创新创业学分积累与转换制度，没有探索与创新创业相适应的学分折算体系，校内缺乏各部门联动的创新创业实践平台。总体而言，大多数高校尚未将创新创业教育引入人才培育体系中。

二是校内外协同程度低。目前，多数企业对创新创业教育课程体系的参与，局限于对高校实验技术的支持，仅有30%的学生和导师表示学校能与企业共建创新创业教育平台，校企间的创新创业联盟少，不利于推动企业发展模式的转变；校校、校企、校地、校所之间的合作机会少、质量低，未能达到推进校内外协同育人、协同创新的目的。

三是未充分整合政策资源。当前的教育政策对创新创业教育的鼓励、支持多停留在理念层面，缺乏可操作性和实践性，再加上我国普遍存在的创业融资难等问题，创新创业教育课程体系的构建异常艰难。

（3）创新创业课程体系建设的实践资源有待优化

当前，创新创业教育课程处于"重理论、轻实践"的阶段，在教学课程规划中，理论性课程占大多数，能够让学生检验自己学习实效的实践性课程偏少。据统计，在开设创新创业课程的教学单位中，有效运用翻转课堂、模拟营销、创意策划等实践教学环节的只占54.3%，这表明在创新创业教育课程体系建设中，实践性教学环节的作用并没有很好地发挥出来。

我国的传统课堂形式往往注重理论知识，而忽略了培养学生的实际操作能力，缺乏实践性，无法满足创新创业教育的实践需求。要想真正发挥创新创业教育的作用，满足学生对创新创业教育的实际需求，就必须增加学生的实践操作机会，将理论融于实践，这样创新创业教育的效果才能真正体现出来。

（四）创新创业教育师资队伍建设有待健全

在创新创业教育师资队伍的建设中，目前主要存在以下问题。

1.创新创业教育师资在数量上明显不足

早在2017年，据教育部统计，我国高等教育的规模已为世界第一。但是，与这种规模上的优势明显不匹配，甚至呈现强烈反差的是，我国高校的创新创业教育仍未达到世界先进水平，高水平教师在数量上明显不足，等等，这些是创新创业教育的"痛点"。

2.创新创业教育师资在类型配比上不平衡

在培养学生创新创业能力方面，世界知名的斯坦福大学受到了其创始人斯坦福（A. L. Stanford）的影响。斯坦福在该校的首次开学典礼上就明确指出，生活归根结底是指向实用的。从创新创业教育的角度而言，该类教育应该以实践为导向，但作为一种实践导向鲜明的教育门类，以实践为导向不等于不需要理论。从认识论的角度而言，理论对实践有着重要的指导作用。因此，创新创业教育，特别是高校的创新创业教育，既要包含理论知识的传授，也要包含实践过程的操练、浸染和熏陶。既然创新创业教育应包含理论学习和实践锻炼两个部分，高校在创新创业教育方面的师资也必须能够满足这两个部分的需要。

目前，在创新创业教育中，无论是理论型师资、实践型师资还是综合型师资，都缺乏真正优秀的师资力量，其原因在于创新创业教育师资的兼职性强，不能满足创新创业教育实践的需求。兼职教师，特别是校内兼职教师大多为学校行政人员、辅导员和部分相关专业的教师，他们往往更注重理论知识的传授，当然也就难以达到综合型教师的标准。针对这个问题，广东外语外贸大学课题组在 2016 年第一季度所做的调研也提供了具有一定参考价值的佐证——从事创新创业教育的教师自身曾经参与过创新创业的仅占 4.4%。如此的创新创业教师队伍，不仅在一定意义上降低了创新创业教师应有的专业化程度，也使得创新创业教师队伍本应该具有的创新创业实践经历在整体上被削弱了。

3.创新创业教育专职教师的相关认识有待深化

一项紧迫的事业最为缺乏的资源如果短期内无法得到自然增长的话，就应该"就地取材"或者"就近取材"，对现有的资源进行转化，从而满足实践的需要。具体到创新创业教育，也就是在人们习惯上认为与创业有关的、较为成熟的专业领域，如企业管理、财务、投融资和一些理工科专业中进行专业教育与创新创业教育相融合的尝试，这也许能够又好又快地解决问题。但是，就目前来看，从事专业教育的教师本身缺乏创新创业意识，当然也就难以在日常的专业教学过程中对学生进行有效的创新创业教育。我国高校在日常的教育活动中并不能充分调动专业教师在创新创业方面的积极性和主动性，在日常的教育活动中教师自己缺乏创新创业意识和思维，这不仅导致应该参与到创新创业教育活动中的教师在数量上远远不足以满足实际需要，也影响了学生的发展水平。

4.校外创新创业导师的作用没有得到充分发挥

部分高校还没有建立起一套针对创新创业导师的科学的管理制度，具体表现在以下几个方面。一是准入不严。高校缺乏校外创新创业导师的遴选标准和制度，所聘导师往往是"圈子"里的朋友、熟人。虽然不少导师是企业的董事长、总经理，但很多导师不知道怎么教授学生创新创业相关知识。二是管理能力不足。高校没有将创新创业导师纳入学校人事制度管理范畴，岗位职责不明确且缺乏监管、考核和激励制度。三是辅导随意。所聘导师不少是企业家，事务繁忙，抽不出时间，一些人即便来了学校，也只是简略地讲讲创业经历和人生感受，随意性较强，效果不理想。四是作用不明显，发挥作用的方式单一。所聘导师一般是通过讲座等方式为学生讲授创业经历、传授创业经验，学生在寻求创新创业导师的帮助方面存在困难。

作为创新创业教育的核心资源之一，师资力量作为"人"的因素，是核心资源体系中最为重要的一部分。正所谓"没有教不好的学生，只有不会教的教师"，从现阶段来看，教师的"不会教"是一个需要克服的关键问题。笔者认为，在社会的各个工作领域中，培养本土化的创新创业兼职教师是完善创新创业师资队伍的重要途径。

当前，地方高校开展创新创业教育的途径除开设选修类的创新创业教育课程外，就是举办企业家讲座。这些企业家作为外聘创业导师，相比学校专业教师来说，企业工作经验充足，了解企业面对困境的解决方式，明白创业的现状及存在的问题等，能够弥补专业教师缺乏企业工作经验的缺陷，可极大地提高学生了解和参与创业的兴趣；而兼职创业导师的本土化，有利于创业导师结合本土实际情况进行教学，也可以为结合实践进行创业教学提供便利条件。

创新创业师资队伍是一个动态的、开放的、不断发展的队伍。高校不仅要注重对创新创业师资队伍建设的前期规划和培养，还要定期对创新创业师资队伍进行调研、评估。及时的评估、反馈能够帮助我们发现创新创业师资队伍在建设过程中存在的问题，从而制定相关的政策，完善创新创业师资队伍建设。

5.师资建设的时代性和长远性未得到足够重视

目前，创新创业教育在我国处于初级发展阶段，各方面建设还不成熟，在发展过程中，相关单位应跟上时代要求，定期对创新创业师资队伍进行培训。

就创业培训而言，增强教师的教研能力，对促进创业培训的发展是十分必要的。此外，教师的教育观念和教学行为也在一定程度上影响着学生的学习思维和未来规划。创新创业师资队伍的建设能够帮助学生开阔就业视野，形成自主择业和创新创业的意识。

（五）创新创业教育的文化支撑亟须加强

创新创业文化不仅直接推动着社会经济的发展，还是创新创业教育活动开展的根基和引擎。从目前的情况来看，在国家和教育行政主管部门的大力倡导下，创新创业教育虽然取得了一定成绩，但创新创业教育的文化支撑还相对薄弱，有待加强。

1.对创新创业文化的理解有待深入

学校的创新创业文化是创新创业文化在校园领域的延伸。学校的创新创业文化包括创新创业物质文化、创新创业实践文化和创新创业精神文化等方面的内容。

有些学校会自然而然地重视创新创业课程的建设，希望通过课堂教育来加强对学生创新创业思想的灌输，从而在思想层面进行创新创业文化教育；有些学校比较重视创新创业活动的举办、创新创业典型的树立、创新创业相关场所的建设和器物的置备，希望通过直观的方式深化创新创业文化氛围对学校师生的影响，通过增加活动的机会，在实训中营造创新创业文化氛围。无论是创新创业知识的课堂教学、创新创业大赛的举办、创新创业典型的树立，还是创新创业项目的落地运营，都是创新创业文化建设的一部分，忽略任意一方面都有可能造成其他方面的不足，从而影响创新创业文化对创新创业教育所发挥的支撑作用。

目前，虽然互联网的使用比较普遍，但是大学生通过互联网了解创新创业文化的情况比较少，他们更多的是利用互联网进行娱乐、交友等，所以互联网也是一个需要重视的，有助于营造创新创业氛围的重要渠道。

2.对创新创业文化作用的认识有待明确

文化是一种软实力，文化软实力是一个国家的文化体现出来的凝聚力、吸引力、影响力。创新创业文化作为一种文化而言，对小到一所学校的创新创业工作，大到一个国家的创新创业大局都起着支撑作用。

（1）创新创业文化对创新创业的支撑体现在明确目标上

创新创业文化明确了创新创业的发展方向。文化环境的影响，使广大创新创业参与者能够清晰感受到当前的创新创业教育工作发展的方向，这有助于在尽可能大的社会范围内形成崇尚创新创业的风尚。

（2）创新创业文化对创新创业的支撑体现在凝聚上

当前的时代与之前的所有时代相比，一个巨大的变化就是社会成员的"原子化"趋势越来越明显。尽管如此，创新创业文化对具有创新创业意愿的人而言，是一种召唤，能够引起大家关于共同的话题——"创新创业"的兴趣，把众多的、零散的"创客"集中起来，形成一个"集体"。

（3）创新创业文化对创新创业的支撑体现在激发上

创新创业文化是一种社会意识形态。作为意识形态，创新创业文化同样具备三个阶段，即自在阶段、自为阶段、自在自为阶段。创新创业文化提供的不仅仅是知识、思想和观念，也不仅仅是实践活动过程，而是要通过这些实践活动过程将原来外在的、需要进行教育或灌输的知识或观念内化为创新创业者自身的一部分，让创新创业成为创新创业者的无意识行为，使其自觉、自愿地开展创新创业活动，将其潜力充分发挥出来，并在现实的工作中发挥实实在在的作用。

如今，创新创业文化的支撑作用已经随着创新创业工作的不断推进显现出了强大的力量。

3.创新创业文化存在的问题有待解决

创新创业文化的作用不容忽视，但在目前的创新创业工作中，创新创业文化所发挥的作用还非常有限，上升的空间还比较大，其对创新创业的支撑作用还有待从各方面进行强化。

（1）目前的创新创业文化尚处于初级阶段

一种文化只有具备清晰、明确的核心价值，才能发挥其软实力。

创新创业文化不仅要从历史古籍中总结，不仅要从地方特色中提取，还要从目前正在进行的创新创业实践中发掘。我国的创新创业工作，特别是创新创业教育工作得到大发展，是近些年来的事情。但我国的创新创业文化整体上还处于初级阶段，需要不断积累并在积累的基础上总结，才能得出对社会具有真正导向性的创新创业文化。

（2）目前的创新创业文化具有较强的功利性

创新创业是一种实践活动，诚然要通过其结果进行评价和衡量。但是，单纯地以创新是否出科研成果、创业是否能盈利来衡量创新创业工作，甚至将这种工具性、功利性的思想灌输给有意进行创新创业的人，对创新创业，特别是对创新创业教育来说是一种巨大的伤害。

就创新创业教育过程而言，之所以出现目前创新创业文化具有较强功利性的问题，是因为教育者没有明确创新创业教育的过程和目标的重要性，也没有正确处理创新创业教育中"何为手段""何为目的"及"二者的关系如何"等问题。

创新创业教育如同人类社会历史中所有的实践一样，是一个螺旋上升的过程。这个过程包含无数的失败，也通过失败孕育了无数的成功。但是，目前，在全民关注创新创业的背景下，创新创业教育所遇到的大多数难题都来自现有的以结果为导向的考评体系，社会注重的是有多少创业型公司注册，拿到多少融资，有多少盈利，解决了多少就业问题。诚然，这些都是创新创业教育应该关注的问题，但不是在目前阶段就应该通盘考虑的问题。

创新创业教育在现阶段，应该通过思想教育，通过现有的、可能的实践活动激发人们的创新创业意识，帮助人们端正创新创业的态度，从一代代人的亲身体验中形成"习惯"。而这些，需要通过塑造新的创新创业文化来完成。

（六）创新创业孵化器的作用有待凸显

不少高校在教学、科研场地比较紧张的情况下，响应国家号召，腾出场地建立创新创业孵化基地，支持学生开展创业实践活动，但高校的创新创业孵化器孵化能力普遍较弱。部分高校的创新创业孵化器建设未得到有力支持，虽然政府近年来出台了相关政策，明确高校积极参与到新建或者改造孵化基地的队伍中来，建立一些服务平台，用来协助学生创业活动的开展，但总的来说，大多数工作停留在宏观指导的层面，落实到微观操作层面的相对较少。

三、"互联网＋"背景下创新创业教育的策略

（一）转变大学生创新创业教育理念

有学者认为，创新创业教育有"狭义"和"广义"之分，而且大众多从广义层面来定位创新创业教育。这样的观点看似公允且符合实际情况，但是仔细思考，则失之偏颇，并且让创新创业教育者无所适从，甚至对创新创业教育产生误解。

有学者明确提出，创业教育就是培养未来企业家的教育。这一观点在正确地反对了将创业教育"泛化"为素质教育的同时，也不可避免地暴露了自身的问题，那就是把创业教育"窄化"为"培养未来企业家的教育"。"培养未来企业家"只是创业教育的目标之一，把它作为创业教育的全部就会失之偏颇。

创新创业教育就是要努力做到"素质型"与"职业型"创新创业教育的统筹兼顾，这并不是为了"四平八稳"，而是根据我国国情采取的措施。这个基本的国情就是我国的创新创业教育缺少大、中、小学一体化的科学衔接，缺少启蒙教育的基础和准备，使得高校的创新创业教育不得不补上本应该在中小学进行的启蒙课程。相对于美国从小学就开始的创新创业教育来说，我国高校的创新创业教育是在面对学生就业压力的情况下快速启动的。但是，经过一段时间的快速发展之后，我们需要认真反思发展中出现的问题，在"素质型"与"职业型"创新创业教育之间进行平衡，在反对"泛化"的同时反对"窄化"。

与"素质型"和"职业型"两种教育类型相比，创新创业教育具有较强的包容性和整合性。它以培养具有开创性的个体为主要目标，一方面，广泛开展素质教育，培养学生创造性地工作、创造性地思考与创造性地解决问题的素质；另一方面，深入开展职业教育，培养学生创造就业岗位或创办企业实体的能力。这种创造性的包容和整合，既具有"素质型"创新创业教育的高度，也具有"职业型"创新创业教育的深度，两者的完美结合与充分兼顾，使创新创业教育融入高校人才培养、科学研究、社会服务和文化传承四项功能之中，发挥应有的作用。

（二）重视创新创业教育系统的关键要素

1.大学生自身

在"互联网+"背景下，传统教育模式已经滞后于形势的发展。找到新的育人思路，成为创新创业教育领域的当务之急。高校要应对大学生创新创业教育的挑战，既要培养大学生的科学文化素质，又要培养他们的生存能力；既要让他们有健康的个性，又要让他们有集体意识（不能过分强调个性发展，而忽视集体主义教育）。在全面实施素质教育的过程中，应通过有目的、有计划的集体意识教育，使大学生树立正确的世界观、人生观和价值观，具备良好的思想修养和道德文化素质。

随着改革开放的不断深化，人际交流与合作日益广泛，社会要求人们保持良好的竞技心态，不仅要有参与竞争的能力，还要有合理的生活空间。群体意识教育促使个体在德、智、体、美、劳诸方面全面发展，自觉维护所处的生活空间。群体意识就是群体具有的精神状态和思想面貌。群体意识的形成可以保证大学生在创新创业时和谐相处、互相协作，在共同学习、探讨中发展思维能力，培养创造能力。

竞争离不开集体，集体需要引进竞争机制以增强活力。一方面，大学生自我提高需要集体的支持与鼓励，学校应为大学生创造充分发挥个人能力的机会，帮助其实现人生价值，在大学生参与的集体活动中，逐步引进竞争机制，促使大学生不断完善自我；另一方面，从集体荣誉感、自豪感与集体的关系上看，没有集体荣誉感和自豪感便没有集体凝聚力，高校要培养大学生的创新创业荣誉感和自豪感，教师要成为学生的楷模和良师益友。

2.教师

未来几年，高水平师资力量的短缺将成为阻碍我国创新创业教育发展的"瓶颈"。教育部明确提出要明确全体教师的创新创业教育责任，配齐、配强创新创业专职教师。普及型的创新创业教育对师资需求巨大，而创新创业教育教师的创业能力又普遍较弱。现今，创新创业教育的教师主要是由有企业管理经验和背景的教师或从事思想政治、就业指导、团委等工作的教师初步转型而来的。构建专业化的、具有较强创业能力的高校创业型师资队伍是促进创新创业教育系统良性循环的另一关键要素。

(三) 加强大学生创新创业法律教育

社会主义市场经济是法治经济,一个创业者进入市场,如果了解相关法律法规,按规则操作,就可以相对顺利地发展;反之,如果一个不懂规则的创业者进入市场,那么他必然要交更多的"学费",这对社会资源并不丰富的大学生创业者来说无疑是致命的。

加强大学生创新创业法律教育的意义主要体现在以下方面。

1. 提高创新创业竞争力

社会主义市场经济的法治性要求市场主体在进行经济活动时必须遵守相关法律规定。如果一个创业者不了解相关法律规定,那么难免会付出一定的代价。在社会主义市场经济条件下,法律是国家进行市场调节的重要手段,一个敏锐的创业者能从中看到国家扶植、鼓励哪些行业,限制哪些产业,从而发现商机。

此外,国家对大学生创新创业出台了一系列税收减免、贷款等方面的优惠政策,了解这些政策能在一定程度上帮助大学生走好创新创业的第一步,提高创新创业的竞争力。

2. 降低创新创业风险

市场主体在活动的过程中会存在各种各样的法律风险,有时法律风险甚至会大于市场本身所带来的风险,很多企业都有过相关教训。如果大学生缺乏足够的法律知识,对法律风险没有明确的认知,就很有可能掉入各类陷阱中,甚至付出惨痛的代价。

大学生创办的企业通常规模较小、抗风险能力较差,一旦违反法律法规、陷入法律诉讼等,势必会严重影响企业经营,甚至直接导致大学生创业失败。因此,只有在创新创业教育中让大学生全面了解相关法律,提高大学生抵御风险和解决纠纷的能力,才能降低大学生创业时面临的法律风险,提高大学生创业的成功率。

3.避免误入歧途

作为创业者的大学生，大多处于青年期，社会经验不足，心理发育还没有完全成熟，但社会是复杂的，大学生在创业的过程中遇到的诱惑是多种多样的，如果大学生不了解相关法律知识，在面对诱惑时作出错误的选择，就可能误入歧途，甚至走上违法犯罪的道路。

（四）政府要充分发挥主导作用

如今，不少地方政府机构尚未通过制定政策、引导舆论、建立机构、协调关系和提供资金等措施为创新创业教育创造有利的生长条件和良好的外部环境，创新创业教育领导机构的主导作用有待强化。

1.发挥政策机制的导向作用

政府要做好宏观指引，建立健全大学生创新创业教育相关体制机制。例如，根据实际情况制定创业政策，扩大惠及面；了解创业者的需求，使创业支持方式更接地气。

2.激励创业教育

政府要加大对高校开展创新创业教育的激励力度。例如，从师资培养、课程建设和职称评定等方面引导高校教师积极投入到创新创业教育中来。

3.引导整合创业资源

政府要整合相关职能部门的资源，为大学生创新创业教育拓宽渠道、构建平台，提高资源的利用率。

4.发挥纽带作用

政府是企业与高校之间的桥梁和纽带。政府可以利用自身优势，加强高校和企业之间的联系，帮助大学生创业。例如，由企业开创"创客基地""创业论坛"等，让学生走进企业、感受企业，激发学生的创业灵感。

第三章 "互联网+"背景下大学生创新创业教育的基本认识

第一节 大学生创新创业教育相关概念及理论依据

一、大学生创新创业教育相关概念

（一）创新教育

1.创新教育的概念

创新是主体的一种行为活动，指主体在社会已有资源基础上，发明一种全新的事物如科学技术或者产品、思想方法等。

这个定义包含两点内容：①创新不可能是"无源之水，无本之木"，必须要基于"社会已有资源"；②创新的"新"是一个相对的概念，是相对于目前社会上已有的成果而言的。

在国际上，创新教育有广义与狭义两种理解：从广义的角度出发，强调创新教育不同于以往的传统教育形式，它比较注重个人创新能力和创新素质的提高；从狭义的角度出发，认为创新教育是一种以培养创新人才为终极目标的教育活动。所谓创新人才，就是指那些拥有冒险精神或创新精神、创新能力、创新思维的符合时代潮流的新型人才。

相关学者针对我国的具体情况，认为"创新教育"总体上可以分为两类：一是以培养创新素质（如创新能力、创新思维、创新意识）为目标的教育活动；二是相对于传统教育而言的新型教育。

总体上看，创新教育反映了当今"互联网＋"时代的新要求，是一种新型教育活动。这种新型教育活动不仅要培养学生对整个大环境的分析判断能力，还要培养学生的一些其他能力，如基础知识学习能力、资源利用能力、捕捉商机能力、创业实践能力、风险预测及控制能力、沟通协调能力等。作为培养创新人才的基地，高校的创新教育必须使学生主动地学习，敢于突破思维定式，善于思考，而非只被动地接受前人的思想成果。

所谓"创新能力"，是指一种综合能力，它集中表现在创新活动中的观察和分析能力，实践能力等方面，强调的是个体综合应用各种资源并且在已有成果上的突破与创造。此外，创新能力不仅仅是个体的自身认识能力与实践能力的简单结合，它还是个体自身的创造力与整个大环境的有机结合。

创新教育的发展是"互联网＋"的产物，是当今时代对高等教育提出的要求，顺应了高等教育的发展潮流，是一种对传统教育模式的彻底改革。培养学生的创新精神并逐步提高学生的创新能力是创新教育的宗旨。这种教育模式试图构造一个有利于提高学生创新能力的环境，通过完善的教育理论体系和丰富的实践环节去发掘大学生的创新潜能、培养其探索精神、提高大学生学以致用的能力。这种教育模式是新时期高等院校教学方法改革、教学内容创新的体现，是对教育价值的再思考，为我国高等教育的发展指明了方向。从整体上看，创新教育的开展可以提高当代大学生的创新意识、创业能力，能在很大程度上缓解大学生的就业压力。

2.创新教育的特征

（1）探究性

创新教育不能缺少对矛盾的深刻理解。在实际生活当中，如果缺少对矛盾的讨论，就不可能调动学生的积极性和兴趣。没有探究就难以产生创造性的活动。所以讨论探究是进行创新教育的关键。要学会鼓励学生深入思考，同时也要运用各种有利途径来培养学生的创新思维能力。

（2）开放性

创新教育不能只局限于学校内、限制在书本上、束缚在教师指导的范围内。高校要鼓励学生开阔眼界，发挥创造的潜能。要想提高学生的创新能力，教师在授课时就必须注重联系学生的现实生活，关注政治、经济等与生活息息相关的方面，引导学生吸收新知识、接收新信息，同时还要让教育内容反映学科的最新动态。教师还应当激励和引导学生打破传统教学的束缚，根据自己的实际情况，通过课外阅读和参与课外活动等来提高自己的能力，开阔自己的眼界。另外，教师还要引导学生将知识应用于现实生活中，使学生从中获得深刻的实践感悟。

（3）民主性

创新要求有民主的气息，让学生感到自己像鸟儿一样无拘无束，才会自由自在地讨论、思考，提出大胆的理论设想，大胆发表自己的意见，才会独立实践，才有可能创新，实现事物的新发展。如果没有民主，学生会没有安全感，不能独立思考，甚至过分依赖教师，个人的才智与激情都会被限制。所以说，民主性是创新教育比较重要的特性。

（4）超越性

目前，创新教育的核心是鼓励和引导学生在教育的基础上不断发展。如果教师在授课时墨守成规，照本宣科，不能满怀热情地引导学生往正确的方向探索，学生就难以进步和创新。要想提升学生的创新能力，教师就要敢于直面现实生活中的种种矛盾，更重要的是不能故步自封，要完善个人水平，提高自身能力。同时，教师要帮助学生直面自我，树立积极向上的人生观，树立正确的价值观，努力实现自己的理想。

（5）全面性

创新教育是要引导学生掌握大量的信息，挖掘学生各方面的才能，使学生在各方面得到长足进步，这是学生得以创新的基础。教师要尽可能地扩展学生的知识面，激发他们对知识的兴趣。

（二）创业教育

1.创业教育的概念

创业教育是西方国家在 20 世纪后期提出的一种全新的教育理念，到今天，创业教育理论研究及其实践已经发展多年，也已取得了巨大的成就。

创业教育就是指对受教育者进行一些创业指导，这些指导可以是创业理论，也可以是创业实践等方面的知识。通过创业教育，学生的心理素质和各方面的能力能够在很大程度上得到提高。创业教育是"互联网＋"时代的产物，也是高等教育改革的需要，更重要的是它顺应了信息时代的发展需求。

创业教育有广义和狭义之分。广义的创业教育就是培养创业者的教育活动，所培养出的人才应该具备良好的创新能力、创新精神及冒险精神，能够较好地进行创业实践。狭义的创业教育可以理解为是一种以培养当代大学生的创新思维、创新能力等基本创业素质，以便其毕业后能够在社会上做出更好成绩的，从最初的寻求职业岗位转换为能为他人创造就业岗位的教育。

2.创业教育的特征

（1）创新性

我国高校的创业教育是在国内国外愈发激烈的竞争态势下产生并发展起来的，是社会发展到一定程度后应运而生的产物，其上层建筑体制机制需要不断探索、创新和持续讨论。创业教育面临的矛盾也对人才培养模式的改革和高等教育的改革提出了新要求。

（2）教育性

这是创业教育一个非常重要的特征。创业教育的目标是让学生具备在复杂环境中开创事业和获得工作的能力,很明显带有实践性、社会性等特点,因此教师要通过一系列的课堂教学和教育手段来进行创业教育。

(3)科学性

创业教育需要遵循客观规律,遵循教育科学的程序,采用科学、合理的方法传授给学生创业的方法论,帮助学生规避创业过程中的风险。

(4)实践性

创业教育具有一定的实践性,它不能单单停留在意识层面,还要与创业实践活动相结合,通过合适的方法论和手段,使学生慢慢积累实践经验。学生跟随教师的步伐,一方面可以实现创业教育的目标,以开展独立的创业活动;另一方面,学校也能通过社会生活,为有实践想法的人提供更加人性化的舞台。

(5)社会性

创业教育当然离不开社会,创业教育也受制于社会大环境。例如,创业教育受政府在经济、科技、宏观调控方面的政策影响,当然也需要企业和其他社会有关方面的支持。此外,创业教育具有重要的跨时代意义,它不仅可以创造更多的就业机会,有助于实现科技创新,减轻社会就业压力,还能帮助国家更好地发展经济,同时也能为社会带来更多福利。

总而言之,创业教育是在新的社会、经济、科技、就业环境中应运而生的。创业教育不同于其他类型的教育,它是以社会发展大环境为基础的,因此创业教育有着自身的时代特征。

(三)创新教育与创业教育的关系

创新与创业教育两者间的关系至关重要。创新教育是基于培养学生创新的综合素质,以培养创新型人才为目的的一种教育活动。创业教育是指培育学生思维和技能的一种教育活动,让学生了解发挥主观能动性的途径和方法。创新教育与创业教育二者的方向相同,都是为了培养学生的创新精神和实践能力,但创业教育更强调如何实现自我价值。创业教育与创新教育在目标取向等多个方面存在密切联系，创业教育以创新教育为最终目标，其目标是培养具有创新意识和创新精神的人。

创新教育与创业教育是辩证统一的关系。创业教育必须以创新为依托，创业教育是创新教育的表达形式，而且二者都强调了对人才的多方位培养。

1.创新教育与创业教育的一致性

（1）整体培养目标上的一致性

创新教育的目标是培养社会发展所需要的创新型人才。创新创业教育的中心环节是培养具有开拓创新精神的人才。创业教育和创新教育与以往的教育模式不同，它们更重视对精神和意识的教育，两者在培养人才的能力要求上有相通之处，在培养的总体目标上也一样。

（2）时代精神体现上的一致性

处在知识经济时代的人想有所作为，就必须具备创新意识和能力，想在未来社会拥有更强的生存技能，就要具备开拓创新精神和强大的学习能力。创新教育和创业教育都是关于人类创造力的教育，被赋予深刻的时代意义，同时也反映出教育对于时代和社会变革所作的贡献。创新教育与创业教育都是时代精神的体现，在时代精神方面具有一致性。

（3）对人的本质追求上的一致性

尊重学生的个性发展是创新教育和创新创业教育的基本要求。两者都重点培养学生的自我发展和终身学习能力，都着重塑造个体内心独立的个性品质，都属于对现实教育的一种反思。

2.创新教育与创业教育的不同点

（1）人才培养要求不同

创新教育的初衷是培养学生的实践能力，提高学生的实践水平，从而使得学生根据自身特点实现充分发展，而创业教育则以学生的创业精神与能力为基础，帮助其在创新领域获得成功。

（2）展现的用途不同

创业教育不能取代创新教育，创业教育要协调各方，有序发展。创新教育则要求培养大学生的创新意识，力争突破传统教育的限制，让学生获得持续创新的能力。

创新教育和创业教育都是对以往教育的总结，是提升教育质量的手段，二者都是在历史新阶段中提出来的，是适应时代潮流的教育方式。把创新教育与创业教育充分结合，并作为创新素质培养的基石，能够彰显创业教育的价值，实现教育与社会现实的有机统一，从而更好地为我国的经济、科学技术发展贡献力量。

（四）大学生创新创业教育

大学生创新创业教育是以创造性和创新性为基本内涵，以课程教学与实践活动相结合为主要载体，以提高受教育者的综合素质为目标，培养其未来从事创新创业实践活动所必备的意识、人格、知识、思维、能力等的素质教育。这是对素质教育的新指认，而且是具体的、真实的、有针对性的、可操作实施的。从广义上讲，大学生创新创业教育是关于创造新的伟大事业的一种教育实践活动；从狭义上讲，它是关于创造新的职业工作岗位的一种教学实践活动，是当代大学生走上主动就业、灵活就业、自主创业之路的教育改革活动。

曹胜利、雷家骕等在《CC中国大学创新创业教育发展报告》中指出：创新创业教育与传统教育相比，根本区别是突出了学生创新创业能力的培养，体现了社会经济发展对人才知识、素质、能力结构的根本性要求。他们提出的，把成才的选择权交给学生，已成为高校深化教育教学改革的重要理念。在这个理念中，创新是灵魂，创业是载体，创新创业是一种实践行为。

二、大学生创新创业教育的理论依据

（一）创造力理论

创造力是人类特有的一种能力，是一种能够发现新思想和新事物的能力，个体在此基础上才能完成某种创造性活动，比如发明新方法、新技术、新设备等，就是创造力的集中表现。独特性和新颖性是创造力区别于其他能力的显著特征。

除此之外，创造力的判断标准还在于是否具有社会价值、个人价值。创造力是创造性思维的产物，是一种由智力及个人品质和知识等因素形成的综合性本领。由以上分析可知，创造力主要是由以下方面构成的。

1. 知识

创造力的基础就是知识，任何创造活动都是以知识作为基础和前提的，没有知识就没有创造。换言之，只有在充足的知识基础上才能提出创造性方法。

2. 智力

智力的核心是创造性思维能力。它包括理解、判断和解决问题的能力，以及表达和学习的能力。

3. 品质

品质包括意志、情操等方面的内容。品质是指一个人在道德情操以及意志力等方面的素质，它是个体在特定的条件下，通过社会实践活动体现出的创造素质。是否具有较好的个人品质是创业者能否成功的关键，良好的个人品质，如顽强的意志力和进取心有助于个体充分发挥自身优势资源和创造力，成功开展创造活动。

综上所述，创造力的主要构成因素是智力、知识及个人品质，三者共同决定了一个人创造力水平的高低。当前高校大学生的创业教育课程主要是以创造力为基础开展的，创造力理论为高校大学生创业教育课程的开展及改革提供了理论依据。

(二) 协同创新理论

"创新"一词最早是由熊彼特（J. A. Schumpeter）提出来的，他主要是从经济学的角度来定义"创新"，认为"创新"是一个经济而非技术范畴，是对新产品或新过程的一种商业化，就是将一种全新的有关生产要素与条件的组合用于生产体系，从而建立一个新的生产函数。它不只是科技术上的发明，更多的是将业已存在科技应用到企业中去，形成一种全新的以营利为目的生产能力。与之前相比，它的功能或效率得到了明显的增强，更关键的是它能够在整个创新过程中取得超额的经济利益和社会价值，同时还能够不断地促进科学技术和生产资料的革新，这就是"协同创新"。

具体来讲，协同创新就是一种以知识增值为核心的创新机制，是组织内部形成的一种关于技术、知识、能力等方面的分享机制，是为了最大限度地进行重大科技成果创新而由政府、企业和高校等主体建立起来的大跨度整合的创新组织模式，是对创新要素和资源进行集中整合，旨在打破各个创新主体间的隔阂，并实现彼此间关于信息、资本、人才、技术等方面的深入合作。在协同创新机制下，每个相对独立的创新主体都拥有共同的奋斗目标，通过多种方式进行沟通协作，并依靠"现代化信息技术"去搭建一个资源共享平台。

随着全球经济的进一步发展，科学技术不断进步，不同的学科间，以及科学技术和社会经济间的联系越来越密切。比较重大的科学技术创新或是工程的创新常常需要配备先进的科研仪器、优秀的科研队伍，但是基于复合学科的"联合创新"却是当今知识信息时代最需要的创新——协同创新。

在"互联网＋"背景下，协同创新对我国高等院校开展创新创业教育也同样具有现实意义：开展协同创新有利于我国在全面把握当今全球范围内科学技术创新趋势的基础上，更有效地、更充分地发挥每个创新要素的综合效应，从而实现创新资源的优化配置。总之，协同创新机制为我国高校在"互联网＋"

背景下顺利开展创新创业教育提供了基础的理论指导。

协同创新从整体上来讲是一个比较复杂的创新组织模式，其关键在于构建一个恰当的机制，要形成一种由多元主体参与，并进行良性互动的创新模式。在这种创新模式下，高校和企业组织以及研究机构是核心要素，政府、金融机构以及中介组织等实践平台是辅助要素，这些知识创造主体和技术创新主体彼此纵向合作，并对资源进行某种整合，一种系统叠加的非线性效用就会随之出现。要协同创新，就要大力发展科学技术，不断提出创新办法和思路，建立一个分工明确、权责明确的实践平台，不断推动科技创新，从而不断增强综合竞争力，在创新实践中不断在新技术、新知识以及新工艺等方面取得科研成就。

大体上，协同创新理论的主要特点有两个。一是整体性，协同创新强调充分发挥每个创新要素的综合效应，从而实现创新资源的优化配置。由此可知，它需要的并不是各要素的简单相加，而是各要素之间的紧密结合。此外，协同创新存在的方式、目标及其功能均体现了"统一的整体性"。二是动态性，协同创新从整体上来讲是一项比较复杂的创新组织模式，高校和科研机构等知识创造主体和企业等技术创新主体彼此深入合作，进行资源整合。这个过程必然是动态的，不断变化的。

（三）个性化教育理论

当今社会是一个注重发展个性的社会。个性化教育是互联网时代的产物，顺应了时代发展的潮流，已经成为当前知识经济时代背景下世界教育改革的主要趋势，引发了世界范围内的教育改革思潮。世界上大多数国家都认为个性化教育是一个国家教育迈向现代化的重大标志，而个性化教育理论主要强调的是教育主体的差异化和个性化。

所谓差异化和个性化，就是指每个人都会因为自身生理或心理因素，如遗传特征、生活环境、教育环境等而存在差异。个性化教育最大的特点就是它承认受教者在各个方面存在差异,这种差异集中体现在个体在心理、生理以及社会背景等各个方面所存在的差异。在此基础上,个性化教育理论会根据这种差异,为个体制定特定的适合受教育者自身特点的发展方案,从而让个体能够更快、更好地适应新的、有针对性的教育模式,继而促进个体的全面发展。

总之,个性化教育理论就是在承认个体因智力等生理方面和成长环境等心理方面存在差异的前提下,既能有教无类,也能因材施教,从而使每个个体的个性充分发展,继而获得全面发展。同样的,在进行创业教育实践的过程中也应该留意这种差异。这种教育理论强调或者重视高校不同学生所表现出的特性,认为要想充分发挥高校及其学生自身优势资源,突破传统的教育模式的僵化,从而使得学生的个性得到充分发挥,更好地适应信息经济时代的要求,就要依托个性教育理论,立足现实,以个体个性为出发点,有针对性地设计适合个体的发展方案,具体包括教育的模式、内容、目标等。

第二节 "互联网+"背景下大学生创新创业教育存在的问题

在"互联网+"背景下,随着知识经济而萌发的创新创业教育正成为世界高等教育发展的新趋势,而且已经延伸到职业教育和基础教育领域。创新创业教育是一种新的教育理念,不但体现和丰富了素质教育的内涵,还强调了对学生实际能力的培养和教育的创新。我国经济发展方式的转变、产业结构的调整、高新技术企业的建设、现代服务业的发展和创新型国家的建设,需要的是适应时代要求、具有创新创业精神和创新创业能力的人才。大学生创业可以创造更多的岗位,吸纳更多的社会劳动力。大学生创新创业教育是新时期的社会需求,对中国特色社会主义现代化建设具有重要的战略意义。高等教育要适应国家经济社会发展的需要，必须更新教育观念、转变教育思想，肩负起历史所赋予的使命。

高校应确立以创新创业意识、创业精神和创业能力培养为目的的创新创业教育理念，把这一理念真正内化为高等教育的职能和使命；真正把创新创业教育实质性精神融入高校整体的教育体制机制改革和具体的教学过程之中，构建面向全体学生、基于专业教育、融入人才培养全过程的创新创业教育人才培养模式，以创业精神和创业意识为核心、以创业实践活动为载体、以创业能力培养为关键，将创新精神、创业知识、创业技能、创业人格等创业素质培养纳入人才培养体系，优化学校资源，整合社会资源，强化创业指导，完善创业保障，提供创业扶持，促进学生知识、能力与素质的全面发展和个性潜能的充分发挥，以转变教育思想、更新教育观念为主导，推进高校开展创新创业教育。

一、学科定位不明确

要对一个项目进行评估，需要对其进行定位。创新创业教育是大学教育的一项重要内容，创新创业教育在学科教育中占据重要地位。但是，在现有的教育中，很多高校并没有将企业管理、技术创新等教育内容纳入教育范围，没有重视该项教育工作，造成教育环节缺失，创新创业教育越来越被边缘化。

二、对教育现状认识不清

在"互联网＋"背景下，已有一部分学生在高校组织的创新创业教育活动中有所收获，但大部分学生并未在活动中获得经验，目前尚难以形成创新创业教育热潮。在高校组织的创业教育活动中，学生的创业成绩是大部分高校关注的重点。参与创新创业教育的学生可以提高相关能力，而未参与的学生则为旁观者。学校所设立的大赛与社团通常情况下有一定的门槛，需要有能力和技术基础的学生参与，而大多数学生因为能力不足而被拒之门外。

大学生作为社会创新创业的主力军，在创业过程中往往会出现创新创业经验不足的情况。那些人际关系协调能力较弱，抗压能力较弱，心理素质较差的学生更可能面临创业失败的风险。在"互联网＋"背景下，高校的创新创业教育应该面向全体学生，而不应该发展为"精英教育"，只让部分学生参与。

三、教育政策不完善

创业作为促进社会发展的一部分，是一项系统性工作，国家应该对创新创业教育制定相应政策。对待创新创业教育，不能只关注一方面，还需要多方考虑。创新创业教育需要全社会的帮助，同时，我国对大学生创业应给予关注，应为其提供良好的创业环境。在"互联网＋"背景下，毕业生创业时会遇到许多问题，这会打击学生的创业积极性，因此相关部门应完善相应的教育政策，为大学生创业提供良好的条件。

第三节 "互联网＋"背景下大学生创新创业教育改进建议

在"互联网＋"背景下，高校管理层必须率先转变思路，教师需要改变固有的教学模式和内容，政府和社会也要对创新创业教育进行干预，提供支持。

一、转变观念

大学生毕业后可以从基层开始，从基础工作中吸取工作经验，增强在工作中的实践能力和动手能力。在创新创业过程中，应及时改变个人心态，提高个人的心理承受能力，努力进行创新创业实践活动。在创业活动过程中，大学生还可以积累一定的经验，丰富个人见识，拓宽人脉，从而提高创业成功的概率。

专业知识能够帮助一个人在某一特定行业中提升职业技能，并且这种专业技能在就业过程中是不可替代的，发挥着关键作用。解决大学生就业问题，可以从提高大学生的就业能力入手。较强的就业能力可以提升个人在创业活动中自我存在和自我发展的能力，可以应对社会创业活动中存在的问题，还能为个人未来的发展提供一定的竞争筹码，赢得更多的创业和就业机会，缓解就业带来的压力。大学生在创业过程中，可将个人的职业发展方向与兴趣相结合，充分发挥个人优势，这样才有更大的动力完成所设定的目标，从而实现个人价值。

此外，高校需要构建以学生为主体的教学模式，改变传统的教师讲课、学生听课的传统模式，只有让学生参与到课堂中，才能激发学生的创新意识，调动其创业积极性。

二、优化校外环境

如果只凭借高校本身的力量，创新创业教育并不能很好地实现，校外环境以及社会支持也必不可少，尤其是政府等相关部门应当充分发挥领导作用，全面配合落实创新创业教育活动。对于学校，校方应当在政府相关部门的帮助下合理运用市场机制。政府相关部门在整个创新创业教育过程中发挥着重要作用，它们有权采取一定措施促进社会的和谐稳定发展。总体而言，在高校落实创新创业教育时，政府等相关部门应当为其提供相应的支持，优化校外环境。

（一）落实与完善国家创新创业的政策

在"互联网十"背景下，国家高度重视并提倡全民创业。为了响应国家号召，各地政府部门出台有关创新创业的政策并予以相应指导，其最终目的是提升大学生的创新创业能力。

首先，让更多大学生了解各种创新创业政策，通过免费咨询等方式，为大学生答疑解惑；对有创新创业想法的大学生，应当予以充分的肯定并为之提供相应帮助，如减免税收、无息贷款等。为了能够让更多的大学生了解创新创业政策，还需要将创新创业的内容装订成册，向大学生发放。

其次，单纯让大学生了解创新创业政策还远远不够，还要教会他们如何使用相关政策。针对此问题，可以举办相关宣讲会，围绕创业展开论述，为大学生提供更多的思路，让他们学会运用相关政策解决问题。

最后，为大学生争取更多有关就业的优惠政策，政府与教育部门应当就大学生就业问题加以干预，采取一定的方式方法培养大学生的创新创业能力。例如，专门开设创新创业学科并将其纳入必修课程，倡导并鼓励大学生自主创业。此外，还需要不断优化市场竞争模式，力争为大学生营造良好的就业环境。

（二）建立政府与社会多元化的融资渠道

高校开展教育活动的经费大多源于政府部门，只有政府部门足够重视高校教育并加大资金投入，高校才能获得更多的发展机会。政府相关部门在投资时也会侧重于创新能力以及科研能力较强的高校，总体上应遵循公平公正的原则。相关部门应当从思想上对创新创业给予重视，不断加大对高校的投资力度，用实际行动为创新创业教育事业作出贡献。还可以为大学生创立创新创业基金，通过建立"大学生创新创业基金"的方式进行支持，常见的资金来源渠道有社会募集、贷款、政府扶持。

就筹集资金而言，有效方法如下。

第一，通过担保的方式获取贴息贷款的资格，担保人一般为学校、企业或政府。大学生在创业初期资金不足的问题比较突出，贴息贷款可以减息让利，为大学生创业减轻经济压力。

第二，采用信用担保贷款。此种方法并不适用于所有大学生，采用信用担保贷款的大学生，一般在校表现优异。由于校方与企业具有合作关系，高校可以直接将品学兼优的大学生推荐给企业，学校的评选结果可以作为他们信用良好的有利凭证，大学生可以据此向银行提出信用担保贷款的申请。

（三）给予高校更多的办学自主权

政府及相关部门在管理高校过程中，总是将人民的利益放在首位，贯彻落实以人为本的观念。给予高校更多的办学自主权，才能使高校合理合法地对学校教育进行自主管理。

（四）完善政府服务体系

1.向广大学生发布创业信息

发布创业信息的渠道众多，可以借助报纸、网络、媒体等，为大学生提供最新的创业信息；政府相关部门也可以为大学生提供免费的创业咨询服务。

2.建立相关的创业项目负责机制

由行政管理部门接手，主要针对教师进行专业化的指导培训，还需要跟进项目并予以一定指导。

3.创建"大学生创业超市"

"大学生创业超市"只是一种形象的比喻，具体指整合有关创业信息，供大学生选择并使用。

4.成立专门针对大学生的法律援助中心

创业过程实际上会涉及众多的法律问题,所以为大学生提供法律援助不可或缺。

5.制定奖惩政策

政府相关部门应当合理运用手中的资源,为大学生谋求更多的创业机会。此外,还需要不断完善大学生创业服务,充分利用社会中的优良资源,帮助大学生顺利创业。

三、利用校内多元渠道

在"互联网+"背景下,构建以创新创业为核心的课程体系,目的是培养更多具有创新意识,能够独立创业,能够独立工作、生活,以及能够将人际关系处理得游刃有余的专业性人才。对于有创业想法的人,如果能够接受相应的创新创业教育,对于整个社会创业局面的发展将会起到推动作用。创新创业教育能充分调动创业者的创业热情,使创业者更加快速地踏上成功之路。大学生创新创业教育必须遵循理论同实践相结合的原则,注重充分融合各学科。

(一)加强产学研三方合作教育

创新创业课程是一项社会实践课程,它的性质决定了这项课程仅通过高校教育是行不通的,还要同社会上的优秀企业和事业单位进行合作,构建创新创业平台。此外,实现创新创业教育,要集生产、学习、科研于一体,不只是简单地对学生进行知识的灌输,还要为学生的实践提供机会和场所。

高校将生产、学习、科研纳入课程范围内,是未来的教育走向,是社会对于创新教育的要求,是创新创业教育改革的一大关键要素。大学生作为社会中最具活力的群体,需要具备创造欲望,因此应提高学生的创新创业精神和创业能力，为国家创新发展提供不竭的动力。

在进行实践活动的同时，高校应当邀请创业成功的企业家到学校演讲，传授经验，也可聘请成功人士为校内教授，及时为学生提供创业信息和学习指导；将创业成功者所熟悉的领域作为创新点，让学生进行开发，充分调动学生的积极性，这样不仅密切了学生和企业家之间的关系，而且丰富了学生的创业经验。

（二）深化创新创业教育教学改革

创业教育除了体现在内容方面，还体现在形式上。创业教育同传统的就业教育有所不同，高校在学习国外高校创新教育经验的同时，还应对自身学科教育进行创新，进一步深化创新创业教育改革，建立适合中国国情的创新创业教育体系。在开展教学实践的同时，不仅要建设行业和专业课程，还要丰富创新创业教育的知识结构，拓展学生的知识面。学生根据自身的学习情况，学习需要的知识和课程。高校应借鉴和吸收国外院校的成功经验，让学生在创新创业教育中学习到真正有益的知识和内容。

除了在课堂上接受知识教育，学生还需要参与课外实践活动。高校应通过具体的创业案例组织实践教学，定期举办创业大赛，通过比赛激发学生的创业热情。高校还应增加学生同专家面对面交流的机会，如举办对话交流论坛、讲座等。此外，高校还可以组织多种多样的创业实践活动。例如，把校园刊物的编辑工作交给学生完成，让学生体验编辑工作的乐趣。此外，高校还要引导学生积极参与各类活动策划，提高学生独立思考的能力和创新意识。

（三）搭建创业实践平台

创新创业教育是一种应用于实践的教育，仅仅是在课堂上对学生进行创业理论知识的传授和邀请成功企业家到校对学生进行演讲是完全不够的，并不能激发学生的创业意识。创新创业教育更重要的是让学生在实践中有所体会，有所感悟，有所收获。在"互联网＋"背景下，高校在对学生进行创新创业教育时，应当注重为学生提供创业支持，要充分发挥学校的管理服务功能。增加校企合作的机会，给学生提供更多的实习机会；多鼓励学生组建创业团队，为学生创业提供一个良好的创业环境。高校可组织创业竞赛活动，让学生有更多的机会参与创业，增强学生的创业意识，提高学生的创业能力。

四、提升学生自身素质

创新创业能力的形成是相对漫长的过程，在这一过程中，学生需要不断积累经验，加上自身不断努力，才能够有所提升。在"互联网＋"背景下，各大高校应当重视并加强对学生创新创业能力的培养。

（一）对大学生进行心理障碍辅导

很多大学生内心缺乏坚定的信念并且对创新缺乏自信心，对自己缺乏信任。要想解决这一问题，高校必须着重培养学生的自信心与自我认同感。对此教师只能起到疏导作用，关键还在于大学生的自我调节。大学生自身需要转变心态，与同学或教师及时沟通，逐步培养自信心。

（二）培养自主学习能力

自主学习是与传统的接受学习相对的现代化学习方式，学生通过独立分析、探索、实践，以实现学习目标。自主学习能力的主要特点包括：①自主性，指个体生命不是被强迫地学习，而是明白学习的重要性，能够自觉且自愿学习；②能动性，指个体能够自主并富有创造性地开展学习活动，不仅是单纯地吸收知识，自身还要能够不断消化知识，将其转化成为潜在的能量；③创造性，人之所以需要不断学习，是为了能够学习新思维、新方法、新知识，能够顺应时代发展，紧跟时代步伐，进而立足于社会。在"互联网＋"

背景下，大学生必须掌握自主学习能力，在日常学习与生活中不断激发自身的创造力，真正做到热爱学习，热爱生活，通过不断学习，掌握各个方面的知识，不断提升自我、完善自我，并培养自身的创新意识。

具有自主学习能力并能够创造性地学习，是社会对当代大学生提出的基本要求。学生只有具备高效学习的能力，才能获取大量的新知识。

（三）积极参加校内创业活动

就大学生而言，校园文化生活丰富多彩，留给个人的支配时间很多，大学生应当积极参加校内创业活动。校内创业不仅能为校园文化增添色彩，还能为大学生提供良好的平台，为他们增添宝贵的财富。创业的核心是创业精神，大学生在创业过程中所形成的锲而不舍、不畏艰难、敢闯敢拼的创业精神，可使大学生终身受益。

大学生要积极参加校内创业活动，在锻炼自我的同时实现人生价值，获得自我认同感，培养自身的创新创业意识。创新创业活动可以为大学生提供自我展示的平台，让大学生不断丰富与完善自我，大学生可以大胆参与，以提高创新创业素质。

（四）积极投身社会创业实践活动

实践是检验真理的唯一标准，对于大学生创新创业也一样，创新创业能力的培养离不开创业实践活动。积极投身社会创业实践活动，有利于大学生了解并认识社会，进而更好地适应社会。在"互联网＋"背景下，只有走出校园，不断锻炼自我，才能通过创新实践提升自身的创新创业能力。

创业并不能只停留在想法层面，更重要的是实践。大学生应学会合理规划时间，充分利用课外时间进行创业实践，通过市场调研、创业分析、社会需求调查等方式做好创业准备工作，也可以到相关的创业部门工作，深入了解创新创业流程，在体验生活的同时增长见识。高校在培养学生创新创业能力时，应当引导并鼓励学生积极参加创业实践活动，让更多的大学生接触创业，在实践过程中不断进步与发展，只有学以致用、理论联系实践，才能够紧跟时代步伐，适应社会发展。

第四章 "互联网+"背景下大学生创新创业教育的协同机制

第一节 "互联网+"背景下大学生创新创业教育协同机制的设计

当前,我们正处于大众创业、万众创新的时代。因此,高校鼓励大学生与时俱进,发挥自身优势进行创新创业,是一项符合时代发展的重要举措。创新创业教育作为高等教育改革发展的突破口和新方向,要扎实推动协同育人在创新创业课程建设、教师队伍建设、人才培养等方面的创新和培养工作,提升创新创业教育工作的规划与教学改革创新能力,更好地促进创新创业教育发展,为学生提供良好的就业与发展机会,为经济社会发展提供人才智力支撑。

一、设计原则

(一)创新性与实践性相融合原则

社会的发展、国家的繁荣、民族的进步离不开创新创业教育的发展。当今世界各国竞争激烈,谁具备创新精神,谁就能在竞争中占得先机。所以,敢于创新、积极进取的高素质人才就成为国家发展不可或缺的重要因素。相对于注重自由发展的自由型高校和重视学术能力、聚焦学术研究领域的研究型高校，以社会服务为导向的高校则在建设创新创业教育体系的过程中，强化社会服务的理念，注重创新创业教育实践。在此基础上，以社会服务为导向的高校应以创新创业为重要目标之一，配合学校在教学、管理、科研等领域的改革，在教育方式、人才培养方面进行革新。创新创业教育是面向全社会的，教育理念、教学模式、学习方法是重要的创新内容。使学生能够在学习中获得开创性、多元化的思维能力，是创新创业教育的目的。想要实现这个目的，需要整合多方面的渠道和资源，构建能够满足不同需求的创新创业教育体系。

与传统教育模式相比，创新的思维方式，创业的行动能力，开拓进取、勇于担当的品质是创新创业教育的核心内容，实践能力则是影响学生创新创业的关键因素。实践能力包括身体和心理两个方面，可以通过学校的教学活动和社会生产相结合的方式来培养。

（二）一致性与差异性相融合原则

培育具有创新思维和实践能力的专业型人才一直是高等教育的主要目标。创新教育是在创业教育的过程中实现的，不能将二者分离，要将创新教育和创业教育相融合，构建创新创业教育机制，协同不同主体，重点培养学生的创新能力、创新思维、创新意识以及敢于开拓、主动承担的精神品质，这是创新创业教育的落脚点。

不同高校受不同因素影响，发展方向并不完全一致，所以各个高校在创新创业教育机制的构建上也不尽相同。首先，地理因素决定社会环境，处在不同地域的高校有着不同的社会条件，高校在构建创新创业教育机制的过程中，可利用的社会资源存在差异，这直接影响着高校对创新创业教育实践模式、教育方式的选择。其次，不同高校在人才教育的目标定位上也不完全相同。高校应充分了解不同专业学生的需求，并以专业类型为基础，有针对性地对学生的创新创业教育制定个性化的教学内容和目标，完全照搬其他高校的教育模式是不可取的。

（三）主体性与互动性相融合原则

教师和学生在创新创业教育中发挥着重要作用。以研究为导向的高校，师资力量较强，科研水平较高，教师既可以开展教学工作，又能通过教育让学生获得知识和技能，并引导学生将获得的知识和技能运用到实践中，以满足社会多样化的需求。因此，教师在教学过程中，要帮助学生制定符合其实际的目标，注重培养学生的个人品质，让学生在学到知识和技能的同时，又能感受到人文关怀。

师生之间的互动在创新创业教育中发挥着重要作用。教师在教学时，要避免单向的灌输式的教学模式，丰富教学内容，创新教学方式，在教学过程中重视与学生的沟通与互动，增强师生之间的了解。教师要及时了解学生的反馈，通过多样的沟通渠道帮助学生提高发现问题、解决问题的能力，增强学生的创新意识和创业精神。

二、设计思路

创新创业教育机制的建立对高校来说是一项艰巨的任务，需要协调多方力量参与其中。与传统教学聚焦学科建设相比，创新创业教育在提高知识水平和技能的基础上，更强调学生与社会的匹配。所以，高校应整合多方资源，协调各方力量参与到教学中，构建创新创业教育机制，为学生提供细致、全面的创新创业的指导。大学生创新创业教育将创新作为最根本的教育理念，这是与传统教育思路和模式最大的不同。创新创业教育机制的构建要根据社会和学生的需求制定新的培育标准和目标，高校应将创新意识和创业精神贯彻到教学活动中，并与学校的长期发展目标相结合。高校既要让学生学到基本的知识和技能，又要通过创新创业教育引导学生对知识进行开拓，培养学生发现问题、解决问题的能力，让他们树立创新创业的思维和意识，形成敢于担当、勇于探索的个人品质，促进学生的全面发展。

具体来说，高校可以建立合理的奖励制度。例如，针对学生的创新创业制定激励标准，对有创业意愿的学生提供知识、物质以及政策上的支持。如果创业顺利，那么学校应给予充分肯定，如果创业遇到挫折或失败，那么学校也不能置之不理，应帮助学生发现问题并给予支持。高校应通过合理的激励制度，帮助学生加深对创业精神的理解，使学生将创业作为步入社会的重要选择之一，让学生在知识储备、专业技能和心理素质上做好准备。

高校在创新创业教育机制的构建过程中，应将教育目标和理念作为出发点，在教育过程中始终贯彻创新创业的目标和理念，使创新创业的思维方式深入到教师队伍的建设和学生的培育中。

在教学方式上，除传统的学校教学之外，还应注重对学生实践能力的培养，丰富实践课程内容，如举办创新比赛、建设创业基地等方式，让学生将自己的思考转化为实践，积极锻炼学生主动发现问题、解决问题的能力，通过此过程将学生的创新意识和创业精神激发出来，为学生的创业奠定基础。高校在构建创新创业教育体系的过程中，还应注意传统教育内容与前沿教育理念的结合，只有在传统教育的基础上吸收、应用新的教育理论，才能高效地构建创新创业教育体系，并真正发挥创新创业教育的作用。

综上所述，在"互联网＋"背景下，社会发展日新月异，对人才的需求也在不断变化，高校在构建创新创业教育机制时应在发挥传统教育模式优势的基础上顺应社会发展需求，重视教育的社会服务功能，协调和调动多元主体参与到创新创业教育中来，以学校为主体，整合多方资源，构建完善的创新创业教育机制。

三、校企协同设计

（一）校企协同的人才培养

1.校企协同人才培养的功能

高校身处教育改革的一线，应提高为经济发展服务和满足社会发展需求的能力。在"互联网+"背景下，高校应充分整合资源和渠道，以区域经济为基础，构建完善的校企协同机制。处在市场竞争环境中的企业对人才的需求是多样的，高校要重视对学生创新创业教育的投入，为学生提供社会服务的平台，帮助学生更好地与社会需求相匹配。这样既能充分发挥人才对社会经济发展的推动作用，又能提高学校创新创业教育平台建设水平，提升学校的综合实力。

2.校企协同人才培养的目标

高校和企业作为校企协同创新创业的主体，都应参与人才培育目标的制定。企业要想获得符合自身长期发展需求的人才，需要将企业的长远发展目标与人才培育相结合，对人才进行精准定位和培养。在"互联网+"背景下，国际竞争日趋激烈，创新越来越成为提高综合国力的关键，国家和社会对具有创新素质的人才需求也更加强烈。以研究为导向的高校应承担起培养创新型人才的责任，和企业共同搭建创新创业人才培养平台。以教学为导向的高校应与企业协作，构建符合社会经济和企业发展需求、能够提高实践能力的人才培养机制。兼具研究和教学导向的大学，应注重培养学生的学习能力、应用能力、实践能力、创新能力等综合技能。

3.校企协同人才培养的措施

高校应满足区域和不同行业经济的发展需求，把学生作为教育的核心，培育符合社会要求的专业型人才，满足高等教育改革和发展的要求；高校应与企业建立多样的合作关系，包括技术研发、学术研究、人才培育及社会服务等，将学校的教学资源和企业的社会资源相结合，推动校企协同发展。

（二）校企协同的教育课程体系建设

创新是社会发展的核心动力，大学生作为高素质人才，无疑是创新的重要力量。在"互联网＋"背景下，培养目标的实现必须以完善的教学体系建设为基础。课程内容不能及时跟上社会经济发展的变化，缺乏与学生的沟通和互动，不能为学生提供充足的实践机会，不符合社会发展的实际要求等，都是传统教育存在的问题。所以，学校和企业应在教学体系建设方面相互协作，共同建设符合学校和企业需求的教育体系。

1.理论课程的体系建设

在理论课程体系建设方面，专业课程和专业基础课程是国内高校专业课程最重要的两个部分。其中，专业基础课程分为理论教学和理论实习、实践两个教学环节，主要目的是丰富学生的基本理论，提高学生的基本技能。

高校的课程设计不应仅局限于本校，还要为学生提供其他学校的选修课程。高校要引导学生选修其他学校的课程，这样不仅能拓宽学生获取知识的渠道，还能提高各学校教育资源利用效率。社会经济各领域的联系日趋紧密，每一个领域和专业都不可能独立发展，都需要加强和其他领域的联系与交流，以此来推动自身领域的发展。国家的发展也越来越需要具备综合素质能力的人才，所以选修课程在设置上应注重多元化。学生通过基础课程的学习达到课程要求后，学校应引导学生选修对自己专业有帮助的跨领域学科课程。学生既能通过理工学科提高实践能力，又可以通过人文学科培养逻辑思维能力，多学科课程的学习有利于提高学生的综合能力，为培养创新思维奠定基础。具体来说，文科学生选修符合自身发展需求的理工科课程，能锻炼自身的实践能力；理工科学生选修适当的文科课程，能增加社会科学知识的储备，提高自身的文学水平。

在"互联网＋"背景下，社会各行各业都在不断发展变化中，高校要围绕社会发展需求开设相关课程，也要随时根据行业变化更新课程内容，以符合社会的发展要求。当前，大部分高校与企业的沟通仅局限于管理人员层面，使得校企协同的主要参与者缺乏交流与沟通，造成学校对企业的需求了解不足，在课程制定上容易与企业的发展产生偏差。因此，高校与企业的沟通层面应下移，让双方能够清楚彼此的想法和需求，这样可以减少课程设置的误差。此外，高校要对所开课程相关领域保持高度的关注，时刻掌握行业的发展动态，及时对课程方向进行调整，让学生学到最前沿的行业知识。

2.实践课程的体系建设

为了提高学生的实践能力和创造能力，学校应与企业积极协作，为学生提供能够把理论知识转化为实践的平台。从企业的角度来讲，可以让学生参与与企业发展相关的研究项目和课题，在学校教师和企业相关人员的指导下对项目或课题进行研究。在这个过程中，学生的专业技能能够快速提升。在与企业项目有关的课程设置上，学校应制定合理的学分标准，提高学生的参与积极性。

3.第三学期课程的建设

通过设置第三学期课程的形式指导学生实习，让学生有机会将学到的理论知识应用到实践中。开设第三学期课程是在国内高校采用"3+1""3+2"教学方式的基础上开创的新的教学模式。第三学期的设置不影响第一、第二学期的课程计划，它是在前两个学期课程周数不受较大影响的基础上，将第一、第二学期的部分课时整合为第三学期。第三学期的课程有别于第一、第二学期，包括课程设计、综合实验以及专业实习等实践内容。学生通过第三学期的学习，能够将前两个学期所学的理论知识转化为实践能力，并在实践中总结和解决之前学习过程中遇到的问题，从而发挥第三学期的过渡作用。

在"互联网+"背景下，经济社会发展需求变化较快，因此第三课程的设置也要不断更新，高校需建立与第一、第二学期教学相关的联动机制。规范的课程设置和充足的资金支持是第三学期正常开展的重要条件。第三学期课程的建设要求有以下几点。

第一，指导教师在第三学期的教学过程中发挥着重要作用，教师的教学时间和教学难度增加了，所以应适当提高教师的收入水平。

第二，实践课程是第三学期的主要内容，学校的设备损耗增加。为了确保教学的顺利进行，学校应加大对设备维护的投入力度。

第三，和学生学习生活相关的图书馆、专业教室、宿舍、食堂工作时间也要根据学生的课程活动进行合理规划。

第四，学校对于学生在实习过程中的安全要做好全面、细致的管理。由于不同于第一、第二学期的教学模式，学校需要科学构建第三学期的考评体系。每个学校都有各自不同的特点，因此第三学期的开设没有统一标准，学校应根据条件的不同制定符合自身发展的计划。

（三）校企协同培养的实施方式

1.订单式培养

订单式培养是指高校和企业签订用人合同，以高校教学资源和企业社会资源为基础，双方共同参与人才培养计划的制定以及人才培养落实的过程，学生通过考核达到培养标准，企业按照合同规定安排学生就业的协作办学模式。订单式培养的最大优点在于高校、学生、企业之间的关系是平等的，三方都能在人才培养中发挥各自的主体作用。在"互联网＋"背景下，企业应把握好行业发展的方向，根据企业发展的需求制定人才培养标准和数量，以订单形式交由学校对学生进行培养管理。在培养人才的过程中，学校和企业应加强沟通，把握企业和社会发展的需要，协同制定培养方案和目标。企业将行业最新的动向提供给高校，高校则以校企协同制定培养方案的方式对学生进行定向培养，学生达到考核标准，毕业后由委培单位安排就业。

"一班一单"和"一班多单"是订单式培养的两种形式。"一班一单"是指一个企业的职位需求都为同一个专业，而且企业对该职位的需求数量能够组建一个班级。而"一班多单"指的是企业缺少某一领域的专业人才，但是对该类人才的需求量不足以组建班级，为了提高人才培养的效率，多个企业共同下订单，高校则将职能相近的岗位整合在一起，培养学生的职业岗位能力，即一个班级（或专业）与多个企业的订单相对应。

　　为了保证订单式人才培养的质量，学生可自愿报名。学校将通过初审的学生组建为班级，并在企业的实训基地接受培训，通过严格规范的考核提高学生专业技能，满足企业的需求，使学生素质更好地与企业发展相匹配。学校和企业之间良好的互动交流是订单式人才培养顺利开展的重要条件。包括招生、专业设置、岗位要求、教学内容与企业生产经营匹配程度等问题，都需要双方在确定订单前达成一致。企业应将长期发展规划和需求明确传达给学校，避免培养过程出现偏差，从而提高培养效率，降低培养成本。

　　2.学校冠名企业

　　在"互联网＋"背景下，高校还可通过冠名企业的方式培养人才，提高学生的实践能力和创造能力。在挑选冠名企业的过程中，高校应注意企业的生产经营活动是否与学校的专业方向相符，企业的技术是否成熟等，这些都会影响冠名后人才培养的成效。确定冠名企业后，高校应给予企业科研和资金支持，使其成为学校发展的一部分。

　　此外，高校还要制定合理的教学标准，在实训基地设置教学经理岗位，理论教师和实训教师的配备应与学生、实验设备的数量相匹配。理论教师和实训教师应注重沟通协作，加强双师型教师教育模式的建设。若学生人数充足，则需设置教学经理助手岗位。高校要通过精细化的管理模式，积极推动校企实训基地的教学内容、标准与企业发展相适应。

　　实训基地整合了高校和企业资源，为学生提供了真实的生产环境平台，也是构建创新创业教育校企协同机制的载体。实训基地既能将教学内容带进工厂，又能让学生在企业环境中得到锻炼。企业通过实训基地提高了生产效率，降低了生产成本；学校通过实训基地为企业培养实用型人才，实现了教育目标。

　　3.校企教育资源共享

　　在"互联网＋"背景下，校企协同的培养模式还在不断发展中，学校和企业应同心协力，探索构建校企的沟通交流机制。双方应整合共享人才培养资源，提高人才培养的资源利用效率。企业竞争力的增强、高校科研水平的提升，以及创新创业机制的构建都有赖于校企协同及教育资源的共享。若企业搭建实习平台，高校则应给予企业技术研发支持，以人才协同培养机制为基础，为企业输送专业人才，形成合作共赢的良性互动机制。整合高校的教育资源和企业的社会资源，为学生的培养提供优质资源，不仅有利于创新创业协同机制的建设，也有利于为社会发展提供所需人才。企业的创新能力、人才队伍的建设都能从校企教育资源共享中受益。

学校和企业共同建立实验室是资源共享的重要形式。实验及实习所需的设备由企业提供，学校则提供教学设施和师资力量，通过资源的整合与共享，提高资源利用效率。将人才的培养和员工的培训相融合是协作共建实验室的特点，有助于实现校企的优势互补，降低培训成本。

实验室的建设要以教学内容和学生的能力为基础，满足学生的多样化需求。实验室主要包括以下三类：①基础实验室，主要为大一新生服务，将课程教学与实验相结合，培养学生的实验技能；②综合应用实验室，面向二年级以上的学生，通过创新型和开放型创新实验内容，提升学生对知识的实践应用能力；③创新研究实验室，主要为理论知识掌握牢固、实践能力出众的学生提供科研和创新实践的平台。

创新研究实验室的实验环境较好，设备水平较高，有利于学生创新意识的培养。实验室及实践基地的硬件条件在学生的培训中发挥着重要作用，但是设备的维护与更新需要较大投入，仅仅依靠高校自身的力量难以满足教学发展的速度，还会导致人才培养达不到企业的要求。目前，建立完善的实验室和实践基地对于大多数高校来说还较为困难，实训设备若跟不上教学内容的变化，则会造成学生的实践能力与企业的需求不匹配。因此，借助企业力量有利于减轻高校负担。

在"互联网＋"背景下，高校可向企业提供技术服务和有偿服务，企业则给予高校实验设备资源，这对双方来说是互利共赢的。技术是企业发展的核心要素，高水平的员工培训既能降低设备养护的成本，又能帮助企业提高生产效率，降低生产成本。

第二节 "互联网＋"背景下大学生创新创业教育协同机制的运行

一、管理决策机制

大学生创新创业教育是一种全新的教育类型，其实践过程需要根据运行实施的具体情况而定，并且要对运行过程中所涉及的各个方面进行不断完善与调整，因此其运行过程与其他较为成熟的教育相比，会面临更多的问题，相应地也会有更多决策。在"互联网＋"背景下，要想保证创新创业教育的实施与推广始终围绕总体目标，确保运行保障、育人内容等各方面始终适应实效育人这一标准，就必须建立高效的创新创业管理决策机制，这是大学生创新创业教育运行的核心与关键。

（一）构建原则

在"互联网＋"背景下，要想使创新创业教育更好地运行、实施与推广，以及推动创新创业教育的科学发展，构建大学生创新创业教育的管理决策机制是必不可少的举措。由于创新创业教育的实施运行与教育发展都有着明确的目标，因此两者必然有着相同的价值内涵，对于大学生创新创业教育管理决策机制的构建来说，必须遵循特定的价值规律与基本原则。

大学生创新创业教育的宏观目标，是结合国家的政治、经济与文化的发展，联系中国特色社会主义教育实际情况与高校学生全面自由发展的需要，通过教育实践帮助学生了解创业过程、培养其创业意识及创业能力。这不仅能让学生以正确的目标导向与价值取向参与各个领域的创业，还能更好地服务于中国特色社会主义教育事业。而从微观层面考虑，其发展目标是树立正确的创新创业价值理念、确立创业主体意识、完善创业能力结构，以及提升创新创业的实践水平。在"互联网＋"背景下，大学生创新创业教育管理决策的价值内涵应紧紧围绕这一宏观与微观相结合的目标体系来确定。

在"互联网＋"背景下，构建大学生创新创业教育的管理决策机制应遵循以下基本原则。

1.把握中国特色社会主义的发展方向

大学生创新创业教育的最终目标是培养能够从事服务于中国特色社会主义事业的先进创业者，因此创新创业教育的管理决策应当是与中国特色社会主义发展方向相一致的。在创新创业课程的内容与理论研究中，不仅要保障教学和理论研究成果，还要使其更好地服务于中国特色社会主义事业的发展。

2.明确面向广泛学生群体的发展思路

创新创业教育应当适应国家社会发展的各个领域。无论对于何种专业、背景或是职业发展的学生，创新创业教育对他们的能力提升都是有价值的。创新创业教育不应仅仅局限于小众教育，让少量"精英"学生受益，而是应当面向广泛的学生群体，开展普适性的科学教育，引导学生树立创新创业意识，帮助学生提升创业能力。

3.遵循面向社会的实际导向

在"互联网＋"背景下，我国正处于经济转型发展阶段，经济社会的转型升级与发展要求创新创业教育的调整与改进，因此要对创新创业提出高标准、严要求，使其更加适应社会的转型升级。在大学生创新创业教育管理决策的过程中，要注重理论与实践的紧密结合，将更多资金进行适度整合与调配，以投入到实践性的教学任务与科研环节中，真正推动社会转型升级，顺应时代发展的要求。

4.坚定全面发展的育人目标

马克思、恩格斯论述了"人的自由全面发展"的意义和价值，这也是我国高等教育所追求的至高目标。对于创新创业教育来说，其综合性较强，可以从价值取向、理念运作及社会管理等多个层面锻炼和培养学生的综合能力。应坚定全面发展的育人目标，将其作为大学生创新创业教育管理决策的核心任务，只有这样才能实现学生的全面发展与创新创业教育改革发展的目标。

（二）构建策略

第一，转变教育理念，树立正确的创新创业教育观念。在"互联网＋"背景下，高校的管理者要用前瞻性的眼光来树立创新创业课程的理念目标，创新创业的核心是完成素质教育的要求，培养创新思维能力，为受教育者创造条件，使其认识到知识的力量。因此，高校既要培养适应目前就业发展需要的普通型应用人才，也要为国家未来的经济发展输送顶尖的创新型人才。

第二，加强创新创业学科建设，明确创新驱动发展的新要求。当今国家的发展战略对于我国大学生创新创业教育的人才培养路径提出了新的要求。高校是大学生创新创业教育的核心阵地，承担着教学科研培训、创业资金支持以及人才培养的多项任务。因此，高校应当正确认识自身在创新创业教育协同机制中的地位，并在教育的实践探索中表现出来。构建完善的协同机制对于高校大学生的创新创业教育来说具有重要的指导意义。高校和企业是培养大学生创新创业能力的两个方面，只有处理好两者间的关系，才能充分发挥两者间的协同作用。对于人才培养，要有完整的科学规划，转变以往的教育观念，将创新创业教育贯穿在教育工作运行过程中，将理论与实践相结合，通过两者的优化整合与合理配置，激发创业者的热情与积极性。另外，应当整合各方资源，在政府、企业及高校的保障体系下，实现理论与实践的高效衔接，在激发学生创新创业潜能的基础上，积极推动教学课程与科研规划的改革。

第三，设计多样化的创新创业课程，发展循序渐进式的教育模式。在运行实施过程中，要正确认识创新创业教育的内涵，将其与专业教育相结合，在教学中培养学生的自主创新意识，增强创新创业教育的实效性与互动性。创新创业教育的学习资料除纸质课本外，还应包括政策性资料及其他文件，高校应精编课程教材，丰富教学资源。

第四，组建专业的师资队伍，制定多样化的教学方案。高校可以坚持引进校外的师资力量，激发学生的学习兴趣，也可以提供资金，支持校内的师资团队走出去，学习其他成功学者的创业经验及教学方法。在"互联网＋"背景下，对课程的教学设计应采取灵活多样的方式，满足学生的实践需求，不断提高其创业能力与综合素质。

第五，充分利用校外资源。高校是一个开放性的系统，因此在推动创新创业人才培养方面，可以联系各方力量，以促进目标的实现。可以校企协作办学，达成合作意向，为大学生提供创新创业的实践机会，提升其创新意识、能力及综合素质。

第六，完善教师激励机制，激发教师对创新创业事业的热情。高校应通过各种方式满足教师的需求，为他们提供良好的发展空间，满足其精神需要。由于创新创业教育正处于新兴阶段，高校对于师资的选择应遵循择优录取的原则，同时还应完善激励机制，鼓励教师全身心地投入创新创业教育事业中。

第七，规范创新创业教育主体活动，建立有效的监督机制。高校教学活动的正常运行离不开有效的监督机制。监督工作有利于确保教师教学行为的规范性。对于高校管理者而言，其承担着高校教学课程规划设计及管理教辅人员的工作，高校教育者则承担着创新创业教育的传播工作。高校应对管理者和教育者进行监督，从而营造民主、开放及自由的文化氛围，做到人人参与高校建设。

二、激励动力机制

在我国，高校开展的创新创业教育多为政府驱动，但是在教学环节的设置及企业参与的内在利益诉求方面，市场也发挥着重要作用。在"互联网＋"背景下，大学生创新创业教育既需要政府的驱动，又需要市场的导向指引。

高校在创新创业教育系统中的作用尤为重要，它具有显著的教学科研资源及人才优势，不仅要传授给学生知识，更承担着全面育人的责任。高校可培养学生的道德素质，使其树立社会责任与担当意识，同时还能提升其分析解决问题与创新创业的能力，这些都是学生群体适应社会需求所必备的综合素质。可将大学生创新创业教育激励动力机制看作推动大学生创新创业教育良性运行与实施推广的各内外要素间相互联系与作用的互动机制。

从宏观角度考虑，高校的内生动力是追求自由全面的育人理念；而外生动力则是政府对于经济转型升级的需求及创新创业机会的识别，政府可将有效的政治、经济资源合理地分配到大学生创新创业教育领域，从而推动理论教学课程及科研实践。

从微观角度考虑，教师参与创新创业教育既是职业发展的需要，也是对理想事业的追求；而学生参与创新创业教育既是对自我未来职业生涯的规划，也是对自身全面发展的追求。相较教师和学生的内部动力而言，政府和社会作为高等教育的外部推动力，可以使参与到创新创业教育领域的师生充分获得教育资源。内外动力的作用与性质虽然不同，但是两者相互影响、互为支持，对大学生创新创业教育的发展与价值取向有着重要影响。

（一）构建原则

在"互联网＋"背景下，大学生创新创业教育的动力来源是多元化的，受高校及政府等多方因素的综合影响，因此在构建激励动力机制时应遵循一定的原则，确保各方管理决策主体可以相互配合、方向一致，将大学生创新创业教育的力量发挥到极致。以下从大学生创新创业教育的内涵及要素入手，提出"互联网＋"背景下大学生创新创业激励动力机制构建的三个基本原则。

1.维护各方动力的动态平衡

维护各方动力的动态平衡，包含两个层面：一是各方对于推动创新创业教育程度的相互适应；二是推动的方向要相互一致。原因在于，推动大学生创新创业教育的动力相比之下会有强弱，若要从大学生创新创业的最优角度出发，则并非越强越有效果。

在宏观方面，如果政府和社会对创新创业教育过分强调，就会利用行政压力与资源渠道使高校迫不得已改变原有的教育规划，不利于大学生创新创业教育的发展，同时也会影响其他教学课程的进行；当政府和社会对创新创业教育的关注度远小于高校时，创新创业教育的经济作用就会被低估，高校在资源方面也将面临困境。

在微观方面，倘若高校师生的内外动力发展不匹配，就会造成动力失衡，对创新创业教育的实施造成困扰。若政府和社会机构过分强调实践性的创新创业教学，而高校更为注重理论性的创新创业教学，两者对于发展导向的不一致，就会使得高校的教学资源无法得到合理配置，社会也无法获得高素质的创新创业人才。若高校注重教学水平与质量的提升，而教师则注重理论教学科研水平的提高，教师的教学规划与高校相违背，那么，创新创业的教育水平与理论研究水平都无法得到可靠的保障。

在"互联网＋"背景下，遵循大学生创新创业教育的发展规律，走科学发展的道路，是维持创新创业教育过程中各方动力动态平衡的重要保障。无论是宏观还是微观角度，师生、高校及政府间都应形成一种良性协调的关系，纵使各方主体的出发点、关注点有所不同，但是只要确保各方在推动创新创业教育的方向上保持一致，便可达到一种动态平衡的理想状态。

2.协调各方动力间的培育转化

大学生创新创业教育的发展离不开各方的共同努力,各方动力的发展离不开精心的培育与转化。从宏观角度来说,培养学生全面发展的路径有很多,但是若想以政府的转型升级为动力,并将这一动力融入大学生创新创业教育中,政府就必须制定相应的政策,促进资源的合理配置。而从微观角度而言,学生提升自身综合素质和进行能力开发的方式有很多,若要使高校推动创新创业教育的动力通过特定途径转化为学生自身的动力因素,则必须开发培育出合适的动力载体,这种动力载体既有显性的也有隐性的。

对于大学生创新创业教育来说,显性的动力载体包括政府的鼓励政策、高校的奖惩规定,以及政府与社会机构提供的经费物质支持等;隐性的动力载体包括大众对创新创业行为的认同与尊重,以及鼓励学生参与创新创业的校内文化活动等。只要注重各层面主体参与到创新创业教育工作中,对其动力进行合理的引导、强化与推进,就可使大学生创新创业教育的运行实施达到最佳状态。

3.防止各方动力的异化发展

政府及社会机构在推动创新创业教育的过程中,如果将大学生创新创业教育看作社会转型升级与创业机会的工具,就会过度强调短期成果,忽略教育自身的价值规律。高校在这种错误的引导下,无法从真正意义上指导学生的真实创业认知,也会存在应试化教育的倾向,在一定程度上打击学生的学习积极性。在"互联网+"背景下,高校在坚定创新创业教育发展目标时,要始终牢记自由全面育人的教育理念,在此基础上形成有特色的课程理论教学与科研培养方式。高校还可以结合各方动力主体的建议策略,进行沟通交流,深刻总结认识创新创业教育的发展规律及本质特点。

(二)完善策略

在"互联网+"背景下,高校可从以下方面完善大学生创新创业教育激励动力机制。

第一，健全创新创业教育课程体系，使课程更加体系化与系统化。大学生的创业素质与创业意识的培养离不开创新创业课程的指导，因此高校应当健全创新创业教育课程体系，使课程体系化、系统化。为了解决创新创业教育超越专业教育界限这一问题，高校要对教学理念进行改革，将创新创业教育的基础性教育与学科专业教育紧密联系起来。高校还要积极开展教学科研实践活动，编制教学进度与教学计划。同时，可以为学生创造良好的创新创业环境，激发学生的创业潜能，使其产生一定的创业动机，并投入到创新创业的实践活动中。

第二，按照国际规范，将创新创业教育纳入人才培养计划中。创新创业的人才培养是一项系统、复杂的工作，其构建需要政府、企业及中介机构多方协同配合，其合理高效运行不仅有利于大学生创业技能的提高，有助于创新创业教育的深化发展，更有利于提升大学生创业的核心竞争力，对于创新型人才的培养也能起到一定的促进作用，为国家"一带一路"倡议提供人力与智力资源支持，有助于社会主义和谐社会的建设。

第三，构建科学合理的组织结构。构建科学合理的组织结构是大学生创新创业教育的组织保障。该组织机构应遵循全面覆盖、统一指挥的原则。学校应当设置大学生创新创业调控中心，统筹创新创业教育的指挥工作，同时负责全校创新创业师资力量的培训、分配与调度，实现各方主体间的合理、有效沟通；在二级学院设立创新创业办公室，作为师生与高校间的联络中转站，在其下属机构设立创新创业发展中心及实践部门，强化创业实践能力，加强专业实验室与训练中心的设施建设，通过多种形式的教学活动激发学生的创业激情。

第四，培养高质量的创新创业师资队伍。创新创业教育的推广与过硬的师资队伍建设密不可分。高质量的师资队伍建设需要引进创新创业教育方面的人才，加强师资队伍的创新能力培训，在条件成熟的情况下聘请校外创新创业教育专家开设教学课程。对于创新创业的学生而言，应当转变就业观念，为创业做好准备。创业是一种自我价值的体现，是一种高质量的就业方式，同时，创业的过程充满未知与艰辛，创业学生应当具备较高的管理决策与人际交往能力，对自身要有充分认识和科学评价。

三、调控机制

在"互联网＋"背景下，大学生创新创业教育中有多个行为主体的参与，各行为主体会因自身利益、情感、认知的不同导致运行过程中的行为冲突，会阻碍大学生创新创业教育的发展进程，甚至产生难以解决的问题。若要保证其正常地运行实施，就必须进行合理调控。大学生创新创业教育调控机制可以理解为其内外各要素通过制定目标、合理定位及发挥作用等方式化解运行过程中出现的矛盾的机理。运行情况的调查与目标调整是大学生创新创业教育调控机制的核心任务，对于运行状态进行合理评估可以确保及时发现运行中存在的问题，保证问题在第一时间得到解决。

（一）调控机制调查评估环节

在"互联网＋"背景下，对大学生创新创业教育的运行情况进行科学调查及评估是创新创业教育运行工作调控的重要组成部分，而建立调控机制的重要前提便是制定科学合理的运行情况调查环节与评估环节。

1.调查环节

在进行运行情况调查时，涉及的学校部门以及实践教学活动较多，因此必须明确调查评估的主体，从本质上对高校领导机构的决策进行干预、指导和管理，这都能为资源的合理配置打下良好的基础，以促进创新创业教育水平的高效发展。同时，为了提高化解矛盾的效率，在工作领导机构和专家委员会的两个决策主体内部，应分别设立运行调查评估的部门，这样不仅可以提高反馈效率，而且能够保证评估机构的有效性，有利于两个决策主体间的思想价值和理念导向贯彻到工作中去。同时,为了保证评估反馈信息的客观性,还可以引入校外的第三方调查评估机构,这是对评估工作的一大补充。

三方的工作性质在一定程度上较为相似,但是侧重点却各不相同:领导机构负责的调查部门主要是从创新创业教育的宏观层面着手,负责整体投资与资源调配;专家委员会负责的评估部门则更侧重于微观角度的落实,如师生的建议及教学科研的设计运行;校外的第三方评估机构则侧重于对创新创业教育整体运行情况的评估,使其达到高效运行的目标。评估环节同时也可对学生的创业项目进行全面综合划分,应从长远发展来看待创业方向的选择,对近些年创新创业领域的发展状况及存在数量进行细致盘点,倘若发现市场中某些领域已经出现饱和状态,那么就要用建设性的眼光对创业项目未来的发展趋势进行估测研究,从而找出其发展潜力。这些举措都可为创业学生提供有利的参考性建议,以确保其创业项目不会随波逐流,失去独创价值。

2.评估环节

完善的评估环节需要对主体进行定期的综合评价。评估内容既包括了政府是否能够充分利用自身职能协调各方利益,推动政策的实施,也包含了企业是否可以为创新创业的学生提供成熟的实践基地,以及中介机构是否为学生制定了完善的创业服务体系。只有对各主体进行定期核查,才能检验其工作态度,对各参与主体起到监督促进的作用。

创新创业协同评价机制是调控机制中的一个方面,它有助于提高创新创业教育机制的运行效率。首先,高校在实践教学科研效果评价的机制下,建立创新创业教学效果评价机制,可以有效地评价校内师生,提高教学及科研成效,并逐步提高专业实践教学的质量。其次,企业与高校可以协同推进创新创业教学评价,将教学质量与教学报酬、评优及职务晋升联系起来,以此激励企业单位重视创新创业教育的推行。

创新创业教育质量考核评估机制是调控机制的另一方面,它可以通过对创新创业教育的实施水平与效果进行及时反馈,对教育活动作出价值评估,来提高学生的创业技能与素质，对于优化创新创业教育以达到价值增值的目标具有推动作用，有助于约束和规范各方主体的协同关系，是促进协同关系的制度保证。构建新型的考评机制，有利于激发企业参与大学生创新创业教育的积极性。

创新创业教育质量考核评估机制主要包括两方面的内容。第一，外部考评，上级政府部门将创新创业教育的质量作为考核教育质量的重要指标，同时要求第三方机构对其进行绩效评估，接受舆论的监督。第二，内部考评，协同双方立足资源调配和项目执行等方面进行绩效评估，明确各方的权力职责，逐渐健全跨界协同关系下创新创业教育体系的管理制度。科学有效的评价体系对于协同育人的运行过程及环境具有重要意义。

创新创业教育协同育人环境的考核评价内容包括高校毕业生创新创业法律法规、创业扶持制度政策等。协同育人的教学水平评估包含对课堂教学与实践教学的评估。课堂教学评估可以从核心课程规划设计及多元教学方法等方面展开，而实践教学包括校内和校外实践，相关评估可以从创新创业竞赛、实践活动及论坛的举办效果等方面进行。评价考核的内容要全面有效，不仅应对创新创业教育活动的结果进行评估，也要对活动的过程进行细致监督。

在大学生创新创业教育中，教育与创业主体的分离是导致创新创业教育问题不断发生的重要因素。若想化解这种矛盾，就必须从学生的角度来推进创新创业教育的改革进程，将师生间的单向传输转变为两者的双向互动，将二元分离的教学创业主体转变为多元主体的协同发展。应努力分析各方的利益诉求和特点，从创新创业教育属性的角度出发，打造利益发展共同体，最终实现多元主体的协同发展。

在大学生创新创业教育的运行过程中，政府应当为创新创业教育提供政策制度保障；企业则应当构建合作贡献的利益机制，参与创新创业活动，充分发挥创业教育共同体的职能，解决各方参与度与积极性低下的问题；高校则应不断推进人才培养模式的升级，力求在课程教学体系与方式方面满足学生的个性需求，为创新创业教育提供动力支持和机制保障；教师应当在创新创业教育过程中，充分发挥学生的主观能动性，实现师生的共同发展与进步；学生应当树立正确的创新创业价值观，积极参与创新创业竞赛，在比赛中获取经验，提高自身的创业综合素质。

（二）调控机制的协调完善环节

对于大学生创新创业教育调查评估主体所得到的反馈信息，调控机制可以利用这些信息协调各方主体，这有利于创新创业教育运行的优化升级。由于调控机构的调查评估环节所涉及的部门众多，在此过程中会涉及跨部门合作，因此可以从组织和制度这两个层面对大学生创新创业教育进行推进。

跨部门协作的首要问题便是各方利益的不平衡以及目标不一致，一旦两个部门间缺乏协作和沟通，就会影响整个创新创业教育体系的成效。在"互联网＋"背景下，结合我国高校的实际情况，需要成立一个富有权威性的管理组织来对跨部门协作过程进行管理，其职能便是打破部门合作壁垒，加强部门间的交流沟通，最终实现行动的统一。同时，高校领导及相关职能部门的加入，不但可以提高协同合作管理机构的权威性，而且有利于争取教育资源，促进部门间的沟通交流，使得领导机构与各部门院系间更好地达成共识，推动工作的贯彻落实。

多部门间的工作交叉将导致跨部门协作的效率低下且极易产生矛盾。我们可以采取以下措施，来消除这种模糊工作职责带来的合作障碍：一是要明确各部门在协作过程中的职责权限，可以利用协商性的工作文件与会议将分工制度化；二是可以明确职责主体的工作，加强职责权限难以划分的部门间的联系，拓宽信息反馈渠道，以此减少和化解工作矛盾。

大学生创新创业教育的跨部门协作若想达到可持续、规范化，既要有规章制度的刚性需求，也要有文化交流的柔性保障。从跨部门的刚性保障角度考虑，如果仅仅依靠部门间的口头协议和人际关系来协调部门间的关系，则无法保证大学生创新创业教育的稳定发展。只有制定各部门认同的规章制度，并加之以强有力的手段，才能确保协作的可靠性与持续性。大学生创新创业教育跨部门的正式制度需要一定的强制力作保障，因此首先应明确制定机构。大学生创新创业教育工作领导机构与专家委员会作为两大决策主体，可以根据相应的决策范围和侧重领域制定合作制度。其次，要形成完善的制度体系，由于决策主体的不唯一性，各方在制度标准方面或许会产生矛盾与冲突，因此必须在制定协作制度方案时充分了解各方意见，加强沟通交流，形成一致的制度目标体系。最后，在充分了解和调研各职能部门及科研教学机构的基础上，建立制度执行的监督机制，通过预警等强有力的手段将协作制度落实到位。

从跨部门的柔性保障角度考虑，各部门的协作应当以共同的价值取向和理论信念作为基础，不同部门间建立的理念共识应以相同的价值取向为联系，从整体利益最大化的角度出发，确定自身的行为目标。另外，可以构建更多的良性沟通平台和协作机制，拓宽交流沟通渠道，制造更多的对话机会，做到资源共享，信息互助，营造一种良性和谐的文化合作氛围，以此培养部门间的默契。这也可以加强各部门的合作意识，使各部门建立长期有效的互动信任感。

第三节 "互联网＋"背景下大学生创新创业教育协同机制的保障

在"互联网＋"背景下，建立一个完善的大学生创新创业教育协同机制能够保证与创业有关的教学活动的顺利开展。不同于其他形式的教育，创新创业教育旨在促进人的全方位发展，是一种全新的教育形式，其实施过程比较复杂，需要建立一套成熟的保障体系。

一、师资队伍保障

教师是创新创业教育知识的传播者和实施者，学生创新创业理论知识和实践训练离不开专业教师的指引，只有组建完备的教师队伍，才能保证创新创业教育协同机制的成功运作。优秀的创新创业教学队伍是高校创业教育的重要力量，促进优秀教师队伍建设是创业教育协同机制的根本保证。教师是创新创业教育的中坚力量，在各方面都发挥着重要作用。

教育队伍建设是开展创业教育的关键。高质量、优秀的创业型教师队伍对转变教育观念和形式，提高高校学生创新创业能力有着重要作用。开展创新创业教育需要一批专业化的教师队伍。组建一支钻研创新创业教学、具有足够经验的教育团队是创新创业教育协同机制的重要保障。

（一）搭建科学合理的专兼职师资队伍

高水平、高质量的教育团队是顺利开展创新创业教育的关键，建设一支优秀的创新创业教育团队是发展创新创业教育的前提。教师是促进创新创业教育发展的主要力量，在课程研究、教学方式采用等方面起着至关重要的作用。新时期教师必须满足创新创业教育新的要求，参与教学的教师必须掌握创新创业理论，且有创新创业的经历和能力。

1.专职教师队伍的建设

高校要有一支专门钻研创新创业教育的师资团队，来对教学理论进行深入研究，探究学校开展创新创业教育的现状、问题及解决对策，探究大学创新创业教育进展规律和趋势，从而为大学生创新创业教育变革提供科学的、权威的、有效的理论依据。该团队需要分析目前的就业形势和创新创业形势，探究就业规律和创业政策，总结有效的创新创业方法和技巧，从成功案例中总结创业者的必备素质，加快构建创新创业教育理论体系，编写出实用的学科教材。在"互联网＋"背景下，专职教师队伍的建设途径主要有以下两条。

（1）构建师资培训平台

由有创新创业教育研究经验的专家成立创新创业教育学科，不但可以促进创新创业教育的发展，提出有利于创新创业教育实行的方案，还可以培养出理论知识渊博及创业实践本领较强的人才。

（2）搭建创新创业教育教师进修培训平台

创业所需要的知识包括社会学、政治学、经济学、管理学等多个方面，大学创新创业教育与社会学、政治学、经济学、管理学等学科及思想道德教育都有联系。优秀的教师队伍对大学生创新创业能力的培养起着关键作用。但是，当前高校既有创新创业理论知识又有创业实践经验的专业教师十分稀少，大多数教师都只是接受了短期教学培训，只能传授基础的创业知识，实践经验不足。若只传授学生基础知识，则不能培养其创新创业能力，这是影响大学生创新创业教育深入发展的难点。在"互联网＋"背景下，提高创新创业教育教师质量、组建优秀的教师团队是目前迫切需要解决的问题。在开展创新创业教育的初期，可以为教师提供进修培训的机会，让他们参加一定的基础知识理论培训，以充分适应创新创业有关科目的教学要求。为了提高师资研究能力，可以鼓励教师参加国家级的创新创业培训会、地区论坛会、研讨会，选择优秀的教师出国访问，学习国外的教育观念和教育方法。

2.兼职教师队伍的建设

除了组建一支知识广博的专职师资团队，还需要组建一支实践经验丰富的兼职教师队伍。兼职教师队伍建设需要具有创新创业能力的教师加入，要聘请国内外具备创新创业实践经历和丰富理论知识储备的全能型人才，如企业家、创业成功者等，作为大学生创新创业教育的兼职教师，他们主要以开展专题讲座的形式教育和指导学生，通过交际和协作，让大学生学习更多有效的经济管理知识和方法，提高学生创新创业的热情和创新创业的能力，从而使他们未来创业更加顺利。高等院校创新创业教育兼职教师队伍也主要包含两类人：一是其他学校研究创新创业教育的教师；二是有丰富创业经验的公司和政府职员。

兼职教师队伍的建设，可以通过构建区域创新创业教育教师共享体制的方式来实现。由于高校可能会存在专业教师不足的情况，因此它可以联合本区域其他大学建立创新创业教育专业教师资源库，组建师资共享体制。这不仅可以利用学校之间师资源共享来解决教师队伍缺乏的问题，还可以充分了解其他高等院校创新创业的优点和特征，从而提高本校创新创业教育的水平。高校还要构建创新创业校外教师聘请制度，高等院校作为带头人，要联合本地区政府和企业，建立创新创业教育校外实践基地，聘请有丰富经验的公司管理者及政府职员来担任实践基地教师。

（二）强化创新创业教育的师资队伍建设机制

教师是开展学校创新创业教育的主体之一，承担着培育人才和提升大学生创新创业实践能力的责任。一个国家和地区的教育水平取决于教师队伍的素质，没有一流的教师，就培养不出一流的人才；没有高水平的师资队伍，就办不好人民满意的教育。从这里可以看出，创新创业教育的教师团队质量会对创新创业教育产生重大影响。组建一支具有创新思维、丰富实践经验和专业理论知识的教师团队是确保创新创业教育教学效果的关键。在"互联网+"背景下，借鉴国内外大学生创新创业教育教师团队建设的先进经验，并联系我国自身情况，可以从以下方面来提升创新创业教育的教师团队质量。

1.设定严格的教师聘用条件

目前，我国高校还没有专门的创新创业教育专业，所以创新创业教育教师非常稀缺。为了确保创新创业教育正常开展，主管大学生就业的部门教师和一些经济管理学院的教师负责创新创业教育教学工作。其实，大部分教师没有接受过长期的创新创业教育培训，并且几乎没有创新创业经验，教师团队质量普遍较低。所以在组建创新创业教育队伍时，要挑选水平较高的教师，可以在学历、专业、创新创业经验等方面设立严格的准入条件，既要注重其创新创业教育理论知识,也要注重其创新创业实践能力,不仅要重点考察教师的创新创业思维能力、教学水平、知识储备和实践能力等,还要考察其思想道德品质,提高入选门槛。

2.优化团队结构

组建高质量的专职师资团队,学校应该建立创新创业教育教师培训制度,组织教师参加国内外培训活动,并鼓励教师去企业挂职以获得实践经验,尽力为创新创业教师提供优质的学习环境。

在"互联网+"背景下,学校应充分利用本校各专业教师资源,组建一支拥有不同专业知识的教师队伍来开展教学活动,使创新创业教育师资团队结构更趋于合理化。学校应组建一支经验丰富的兼职教师队伍,聘请创业成功者、企业职员、风险投资者、经管类专家等来担任高校的兼职教师,向学生传授创新创业的经验和技能,给他们提供坚实的支持和帮助。

3.构建系统化师资培训制度

优秀的教师团队是创新创业教育的基础,挑选和培训教师是组建高水平师资队伍的重要方法,创新创业教育对教师设定了更高的条件,教师需要具备创业基础知识、创业经历和创业能力。在"互联网+"背景下,强化创新创业教育教师培训、提高教师的综合素质是促进创新创业教育深化发展的关键。教师团队需要从目前的知识型、传授型向创新型、多样型转变,需要重点训练教师的创新思维和实践技能,让他们找出提升学生创新意愿和思维能力的方法。主要有以下两方面的要求。

一方面,鼓励教师"走出去",即选拔优秀的教师与企业一同参与创业实践或者独立创业,充分让教师将理论和实践联系起来,提升其教学和实践的综合能力,国外许多高校的教师都亲身体验过创业的全过程,有些教师目前仍在企业挂职,他们更加清楚目前的创业形势、发展趋向和实际创业过程中会遇到的问题。

另一方面,尽力探寻多种创业实践活动,强化国内外创新创业的交流和探讨，组建一支优秀的、高质量的创新创业教育教师团队。教师需要接受专业化的全面培训，具备创新创业知识是基础，另外还需要参加各种研讨交流会、成功案例分析会和创业经验会，从各个方面提升自身能力。

二、教学评估保障

（一）大学生创新创业教学组织评估

在"互联网＋"背景下，大学生创新创业教学组织状况的评价主要集中于考评学校对创新创业教育的重视程度和各方面投入情况，评价学校创新创业教育教学组织情况是完善教育改革和提高教育质量的前提。创新创业教育教学组织情况评价的关键是选择科学的评价指标，一般来说，选择考评标准可以参考投入、过程和效果。对投入的考评标准主要涉及创新创业教育的各方面投入状况，包含政策保障、教师队伍建设投入、资金投入、管理人员投入、基地建设投入等方面；对过程的考评标准主要涉及创新创业教育具体课程安排、教学方式、教学服务保障、组织管理等方面；对成果的考评标准主要涉及学生理论学习成绩、能力状况、实践技能等方面。在"互联网＋"背景下，鉴于对高等院校创新创业教育组织状况的评估主要集中在高校对创新创业教育的重视程度和投入方面，在此主要分析投入考评标准的主要内容。

1.教师队伍建设投入

教师队伍建设情况不仅表现在本校创新创业教育专职教师和兼职教师的人数上，还表现在优秀教师占全部教师的比例上，包括博士学位教师比重和正、副教授比例。

2.资金投入

创新创业教育能否顺利开展的关键因素是资金投入。高等院校创新创业教育资金投入由两部分组成：一是基础资金投入，即创新创业教育研究资金的投入；二是重点资金投入，即开展创新创业教学活动的资金投入。开展教学活动的资金投入主要包括显性课程和隐形课程管理运行的资金投入，以及对优秀人才投资的花费，如补贴优秀学生参加创业实践比赛所需的花费、创业项目研究经费等。

3.管理人员投入

创新创业教育管理人员范围很广，即创新创业教育体制中除教师以外的所有人员。他们主要从事创业教育的隐性课程的相关工作，对组织管理人员投入情况的考评主要有以下方面，如是否建立专门的创新创业教育管理机构，明确管理创新创业教育的职员数目等。

4.基地建设投入

基地建设包括创新创业教育理论研究基地和创新创业教育实践锻炼基地。理论研究基地一般建设在校内，学生在这个场所学习理论知识，是学生研究创新创业理论的主要地点；实践锻炼基地是提供给有创业意愿的学生进行实践锻炼的重要场地，该基地一般在校外，主要由高校协同政府和公司建立。基地建设投入的考评标准包括软件标准和硬件标准，软件标准包含基地配备的理论教学教师和实践引导教师，硬件标准包括创业教育基地的个数和基地能容纳的学生人数等。

（二）大学生创新创业教学效果评估

在"互联网＋"背景下，开展创新创业教育是为了帮助高校学生增强创新创业意识和提高学生创新创业能力，让他们树立正确的价值观，并积极主动地尝试多种行业的创新创业，增强学生的创新创业意识、提高学生创新创业能力是实现教育目的的关键。开展的创新创业教学活动是否达到教育的目的、能达到何种程度，即为大学创新创业教育的教学效果。简单地说，评估教学效果，即判定参加过创新创业教育的学生的创新创业的意识、积极性和能力是否强于未参加培训的学生。所以，大学生创新创业教育教学效果必须和创新创业教育目标相对应。

鉴于直接评估大学生创新创业教育的教学效果比较困难，所以为了更加科学合理地评估大学生创新创业教育的教学效果，我们可以从大学生创新创业意愿和创新创业自我效能感两个方面对其进行评估。

1. 创新创业意愿

创新创业意愿，指的是学生是否有创新创业的想法和主观态度，反映了大学生对创新创业的积极性。与目前的高等教育系统中的专业教育不同，高等院校创新创业教育是帮助学生树立正确的价值观、增强他们创新创业的积极性，并让他们有信心参与创业活动，以及培养大学生独立自主创业意识的教育。高等院校创新创业教育在讲授创新创业理论知识的基础上，还要丰富教学形式和更新教学方法，开阔学生的思维，增强大学生创新创业意愿，培养大学生的创新性思维和主动性意识。对每个学生来说，培养他们创新创业独立主动的意识是为了使他们形成独立、创新的思维，帮助大学生明确自己的主体角色，激励他们充分发挥个人主动性和潜力去提升自己的价值，获得显著的进步。

2. 创新创业自我效能感

创新创业自我效能感，是个人对自己是否可以完成这件事情的估计和判断，对于很多领域都同样适用，不同领域的含义各不相同。创新创业自我效能感的具体含义是个人对自我是否可以实现创新创业目标的判断，反映了个人对自我创新创业能力的肯定程度。在"互联网＋"背景下，可以对学习创新创业课程学生的测量结果进行性别、年龄等基本变量的差异分析，探究不同专业、年级、年龄、性别、家庭环境的大学生在创新创业教育课程中的学习状况，根据这些情况的分析数据，针对不同学生制定不同的创新创业教育方案，从而提高创新创业教育的质量。

第五章　"互联网＋"背景下关于大学生创新创业教育的多维思考

第一节　"互联网＋"背景下大学生诚信教育与诚信创业

一、"互联网＋"背景下的大学生诚信教育

"互联网＋"背景下的大学生诚信教育具有重要意义。诚信是构建和谐社会的必要条件，拥有诚信品质是时代对大学生的要求。高校作为培养社会人才的基地，肩负着完善学生人格和提高其思想道德素质等重要教育使命。作为学生诚信教育的主要场所，高校是学生诚信教育质量的重要保障和诚信教育价值实现的基石。

（一）诚信的内涵

诚信，也就是诚实守信，它是中华民族的传统美德，是处理个人与社会、个人与个人之间关系的一项基本原则。千百年来，"以诚为本立身，以信为基处世"已成为中国人的共识，诚实守信早已融入中华民族的血脉，成为民族文化不可或缺的一部分。诚信价值观是社会主义核心价值观的个人层面追求，坚守和践行诚信价值观是大学生作为社会主义建设者和接班人的责任与担当。

1.诚信的本质

就其本质而言,诚信具有三个方面的内涵,即诚信是个人良好的道德品质,诚信是社会伦理道德的规范,诚信是处理法律关系的准则。

（1）诚信是个人良好的道德品质

诚信,从根本上说是一种人品修养,是个人良好的道德品质。诚,是个体主观的道德自觉,是道德主体内在的一种品质及信念；信,是个体客观的道德践履,是道德主体外在的行为表现及价值指向。"诚"侧重个体内在的道德修养,"信"侧重个体外在的行为表现,"诚"是"信"的心理基础,"信"是"诚"的行为表现。诚信作为一个统一的道德范畴,对个体的要求体现在两方面：既要在行为上立"信"的规范,又要在内心修"诚"的境界。

作为道德品质的诚信,从心理过程看,包含两个方面的内容：一是诚实,这体现为真实不自欺、真诚不欺人；二是守信,这体现为对自己说过的话、许下的诺言负责任。诚实源自内心,守信外显于行动,只有内心真诚,才能自然而然做到守信,只有诚实守信的人才能赢得他人的信任和尊重。

作为现代个人品质的诚信,也常常与公道、善良相伴,公道是诚信的基础,善良是诚信的灵魂。拥有公道的诚信就像耀眼的光芒,能穿透一切障碍；拥有善良的诚信就像和煦的春风,让人温暖、踏实。

（2）诚信是社会伦理道德的规范

诚信是人类社会共有的根本性道德原则和行为准则,是我国自古以来尊奉的道德原则和立身治国之本。作为道德规范的诚信,体现在个人社会生活的各个领域和各个层面,存在于家庭生活、职业生活、公共生活之中。它是一个人健康、快乐生活的基本要素,是一个社会和谐、有序运行的重要保障。在家庭生活中,它表现为家庭成员之间真诚的付出和无条件的信任；在职业生活中,它表现为从业人员忠于岗位职责、恪守职业道德；在公共生活中,它表现为待人真诚、如约守时、信守诺言、遵纪守法等。

作为一种具有普遍意义的伦理道德规范,诚信是协调人际关系的根本准则。它主要靠舆论的评价和道德的力量来影响人，而不具有法律规范的强制约束力。在社会生活中，人们诚信的行为会受到广泛的表扬和赞赏，而缺失诚信的行为会受到舆论的批评。道德的力量促使人们讲究诚信。

（3）诚信是处理法律关系的准则

诚信不仅是一种道德规范，同时也是一种法律关系的规范和准则。在法律体系中引入诚信的概念，是由法律本身的特点决定的。法律虽然具有普遍的约束性，但它只规范人的行为，不规范人的思想。在对人的行为进行约束时，它有天生的局限性，不可能涵盖一切具体的行为，因而在处理经济生活、社会生活中的各种法律关系时，也需要遵守诚信原则。

2.诚信的功能

（1）诚信的调节功能

诚信的调节功能，指诚信具有调节人们行为的功能，通过评价的方式和手段，告诉人们这个行为符合还是不符合规范，以此指导和纠正人们的行为。

（2）诚信的导向功能

诚信的导向功能是通过树立诚信榜样、赞扬诚信行为、在全社会营造诚信的社会风尚和舆论环境来实现的。具体来说，表现在三个方面：第一，作为道德规范的诚信，反映着人们在社会生活中共同的价值取向，因而能够引导公众崇尚诚信，自觉抵制违规、违约、不诚信的行为。第二，明确诚信行为的标准，通过表彰、惩罚等方式，让人们明白哪些是诚信的行为，应该怎么做，从而引导人们向诚信的标准看齐。第三，形成社会公众的诚信舆论。大多数人基于对诚信的需要和认可，通过语言或非语言的形式公开表达对诚信的态度、情绪和要求，从而形成社会公众的舆论影响力。诚信的导向功能在于帮助人们自觉地把自己的思想、行为纳入社会认可的诚信行为中来。

（3）诚信的约束功能

诚信的约束功能主要通过制度和道德的力量发挥作用。一方面，契约制度以强制执行的方式规范着人们的行为，人们只能在契约、制度规定的范围内从事活动，行使各自的权利，履行各自的义务，一旦超出了这个范围，出现了违规、违章甚至违法的行为，就要受到相应的惩罚。这种约束是强制的、显性的。另一方面，道德规范以社会舆论的方式约束着人们的行为，人们一旦做出违反道德要求的行为，如违反职业道德、社会公德的行为，就会受到舆论的谴责，这种约束是松散的、隐性的。这两种力量在人们的诚信行为中都发挥着约束的作用。

3.诚信的特征

诚信是随着人类交往的产生而产生，随着社会的发展变化而变化的。在"互联网＋"时代，诚信依然在各个领域发挥着作用，彰显着魅力。

在今天这样一个法治社会中，诚信是一种人们最基本的道德义务。诚信作为道德品质、规范和法律准则的代表，有着多样的特征，具体如下。

（1）功利性特征

诚信是一种基本的道德品质和道德规范。马克思、恩格斯在历史唯物主义的基础上揭示了道德的经济根源，指出道德实质上是对一定社会利益关系的一种反映。道德和利益有着不可分割的内在联系，因此道德必然具有功利性。所以功利性也是诚信的一个重要特征。

（2）自律和他律的统一性特征

作为一种基本的道德规范，养成诚信的品格既需要作为社会组成部分的个体的自律约束，也需要社会法律制度对个体的客观约束。自律与他律的统一是诚信品格养成的需要。主体自觉地提升道德认知，同时在现实生活中不断实践和磨砺，是诚信品格养成的基本条件。自律、自觉是主导，只有主体提高认识、增强自觉性，才能主动地实施诚信行为；他律、规范是必需，能够防止懈怠情绪的产生，降低唯利是图、坑蒙拐骗等失德行为的发生概率，营造全社会讲诚信的良好舆论氛围。因此，培养诚信的品格，要求自律与他律相结合，自我修养与制度保障相统一。

（二）诚信的价值意蕴

诚信的价值，是指诚信在经济社会发展中所处的地位和产生的作用。诚信属于意识形态，是社会的上层建筑，它产生于人类的社会生活和社会实践，一旦形成就具有相对独立性。它通过调整人们之间的相互关系、支配人们的观念行为，与法律紧密配合，维护经济和社会运行秩序，对经济和社会发展产生积极的推动作用。大力倡导诚信美德，能推动社会主义市场经济的健康发展，促进人的全面自由发展，促进社会主义和谐社会的形成。

1.诚信与社会主义和谐社会

作为社会人际关系和谐的重要准则，以及建立市场信用制度的道德保障，诚信是社会主义和谐社会的基本特征与要求，是构建社会主义和谐社会的道德基石。

（1）社会主义和谐社会的本质

无产阶级继承了人类对实现和谐社会的孜孜追求，自诞生以来一直对和谐社会理论和实践的探索很重视。和谐就是矛盾的对立统一，和谐社会就是社会矛盾体系中各要素之间处于相互依存、相互协调的稳定状态。人是各种社会关系的总和，建立一个人人平等、物质和精神财富极为丰富的社会一直是人类的美好愿望和追求。社会主义和谐社会是指在坚持社会主义制度的前提下，实现人与人的和谐、人与自然的和谐以及人与社会的和谐。在这样的社会条件下，社会各阶层都能各尽所能、各得其所，社会各阶层互惠互利，各自的利益都能得到基本满足，各阶层间的利益关系能够不断得到协调，各阶层人员有共同理想，讲诚信、守法度，经济、社会、人、自然环境能够实现协调发展。

（2）诚信对社会主义和谐社会的意义

第一，诚信是构建和谐社会的内在要求。诚信友爱是和谐社会的重要特征。和谐社会是指在整个社会系统中各部分及各要素之间处于一种协调、稳定、有序的良好状态。它既包含人与人之间关系的和谐，也包含人与社会、人与自然的和谐共处。在社会关系中，最核心、最基础的部分是人与人能和谐相处，只有人们在各种交往中关系融洽，才能推动整个社会系统的良好运转。诚信友爱是对我国传统美德的继承和发扬，同时，它也是在我国社会主义市场经济条件下处理公民与社会系统中各方面关系的基本道德规范，是社会得以健康发展的道德基础。人与人之间的和谐关系是建立在相互尊重和诚信友爱的基础之上的，有了诚信友爱作为道德规范，各种复杂的社会关系就有了共同的价值基础。所以，诚信友爱是社会主义社会每位公民立身处世的根本，是我们应当遵守的基本道德规范和基本准则，是构建社会主义和谐社会的重要内容和内在要求。

第二，诚信是构建和谐社会的必要条件。社会是由不同的个体、家庭、组织和行业共同构成的。整个社会的和谐离不开人与人之间的和谐，也离不开不同组织之间的和睦共处。要实现上述社会系统中各部分、各要素的和谐共处，诚信友爱是重要的基础和必不可少的条件，主要原因有以下四个。其一，诚信是每位公民为人处世的道德基础，是处理人际关系和社会关系的基本道德要求和准则。其二，诚信是维持家庭和睦的基础。家庭成员之间只有做到诚实相待、信守承诺、互敬互爱，才能在生活中和睦共处，互相关心，互相扶持，通力合作。其三，商无诚信则不兴。君子爱财，但也要取之有道。人，尤其是商人不能靠欺诈行为来获取不义之财。其四，国无诚信则不稳。从古至今，国家领导人都十分重视诚信在维护国家政权稳定方面的作用。取信于民，是确保国家政权稳固的基础。当今社会，尤其是在互联网深入发展的背景下，只有大力提倡诚信友爱，才能真正形成和谐融洽的人际交往关系，人们才能互相尊重、互相关心，社会经济才能实现可持续发展，整个社会系统才能协调发展。可见，诚信是构建和谐社会必不可少的条件。

第三，诚信是建设社会主义和谐社会的道德基石。诚信不仅是中华民族的优秀传统美德，而且是我国公民的道德行为规范，作为一种道德价值和人格品质，诚信对于建设社会主义市场经济、社会主义民主政治、社会主义先进文化、社会主义精神文明等具有重要的价值。诚信行为作为和谐社会的重要道德规范，是建设社会主义和谐社会的道德基石。诚信作为一种经济、文化、社会理念，现在已经成为构建和谐社会的重要内容。它在很大程度上涉及自然人、市场主体乃至国家之间的关系，处理不好会影响社会的发展和稳定。诚信已经渗透到政治、经济、文化等各个方面，时时刻刻都需要人们去遵守和践行。

第四，诚信是社会人际关系和谐的重要准则。社会是由无数的个体组成的，个体之间的关系和谐是社会和谐的重要基础。诚信是人际关系和各种社会关系和谐的灵魂。中华民族传统文化历来重视诚信在人际交往和人际关系调节中的价值。诚信是调节人与人之间、个人与社会之间的基础行为规范。在日常生活中，人们也只有将自己的真实面貌展示给他人，才能够赢得他人的信任，才能够彼此信任，才能够真诚地进行合作。个人在人际交往中讲诚信，才能促进良好人际关系的形成，这就要求全社会加强诚实守信的公民道德教育，将诚信友爱作为公民个体为人处世的原则，加大对政策、法律及道德规范的宣传力度，使诚信友爱思想深入人心，促进社会关系的和谐，保障社会长治久安。

2.诚信与社会主义市场经济

市场经济是社会发展到一定阶段必然产生的社会经济形式和资源配置方式。就其基本属性来看，市场经济是建立在社会化大生产基础上比较发达的商品经济。

市场经济是发达的商品经济，这是市场经济内涵的一个主要方面。市场经济内涵的另一个重要方面就是它是一种经济形式。社会经济形式是指社会经济的各个领域、地区、部门、行业、企业以及个人相互之间进行经济联系的手段、方式和途径的总称。在社会经济生活中，由于经济活动不是一种孤立的个人行为，而是一种社会化行为，因此社会经济生活的各个领域、地区、部门、行业、企业以及个人之间必然要发生这样或那样的联系。这种联系的手段、方式和途径就叫作社会经济形式。

市场经济作为发达的商品经济，它还是近代和现代社会资源配置的一种方式，并且是基本方式。近代和现代的社会资源配置是社会生产力发展的基本问题，它直接关系到整个国民经济持续、健康和稳定的发展。

要打造诚信为本的社会环境和市场环境。诚信有助于促进经济主体的健康发展。市场经济是以市场为社会经济资源主要配置方式的经济，市场通过体现价值规律的价格机制与竞争机制、供求机制相结合，实现对社会经济资源的合理配置。市场经济运行的动力是经济参与者对自身物质利益的追求，这种追求只有在诚信准则的支配下才具有理性，才能实现经济运行的有序性。因此，诚信是社会主义市场经济健康发展的前提和基础，是维护市场经济秩序的重要行为规范。

（三）"互联网＋"背景下的大学生诚信教育系统

1.政治诚信教育

当代大学生作为我国公民的重要组成部分，具有较高的文化素质和政治素质。大学生虽然没有正式踏入社会，但已经是我国社会政治生活不可缺少的重要力量。提升大学生的政治素质、政治修养是大学生思想政治教育的重要方面。政治诚信是大学生作为政治人参与社会活动所应具有的政治道德，在我国社会转型，政治、经济、文化、社会发生巨大变化的今天，大学生在政治生活中是否诚信成为衡量其政治素质的一个重要标准。

（1）大学生政治诚信的特点

大学生政治诚信是一个系统概念，蕴含着丰富的内涵，具有明显的层次性。当代大学生政治诚信体现出新的时代特征，具体如下。

第一，时代性。处于不同社会背景、时代背景的大学生有不同的政治诚信观，有不同的政治诚信要求。如今，我国大学生政治诚信着重体现在对我国基本路线、基本国策的认同和支持，体现在诚信参加学校内外各种政治活动等方面。

第二，人格性诚信与制度性诚信的统一。从大学生政治诚信的行为动机来看，大学生政治诚信不仅要求大学生具有良好的政治品德，如诚实不欺、言行一致等，还要求大学生具备履行约定、遵守诺言的政治能力，比如具有一定的知识储备和政治素质等。良好的政治德行意味着他们具有履行约定、遵守诺言的主观意愿，而具备各方面的政治能力是实现政治诚信的客观条件，政治诚信必须是两者的结合。

（2）大学生政治诚信意识的培养

第一，认真参加思想政治学习，提升政治理论水平。组建与思想政治理论直接相关的研究性学习小组，能增强教育内容的时代性和针对性，切实提高大学生对国际国内形势及发展趋势的把握能力，增强大学生对党和国家基本方针、政策的了解和认同。

第二，提升政治判断能力，树立坚定信念。大学生应该自觉践行社会主义核心价值观，坚定中国特色社会主义共同理想，把中国特色社会主义共同理想融入个人政治行为中，把它作为自身前行的向导，努力提高自身素质，实现自我政治价值。

在校大学生作为未来社会建设的重要力量，更应该明白自己肩负的责任和使命，加强自身政治诚信教育，树立正确的世界观、人生观和价值观，提高辨别是非、善恶和美丑的能力。同时，还应积极走出校园，走向社会，在课余时间进行社会调查、志愿服务、社区咨询服务等，提高实际操作能力，在各种实践活动中提升自己的理性判断能力、政治参与能力。

2.生活诚信教育

所谓大学生活，是指大学生一切活动的总和，是大学生在校园活动中表现出来的行为范式、联动模式、物质生活和精神生活的宏观形态。大学生活是大学精神和教育理念的外化，既包括大学生的生活态度和生活方式，也包括大学生的生活氛围和生活环境。优质的大学生活对于大学生的健康成长具有积极作用。大学生在日常生活中要注重诚信，提高自身的素质。

（1）培养诚信交往能力

诚信是做人的基本准则，是处理个人与社会、个人与个人之间关系的基础道德规范，同时也是大学生全面发展的前提，是大学生全面发展的助推器。加强道德修养，养成诚信的品质，对当代的大学生来说是至关重要的。大学生要做到诚信交往，需要遵循以下原则。

第一，尊重原则。尊重原则是维系良好人际关系的前提和基础。每个人在人格上都是平等的。尊重是平等原则在人际交往中的体现，它包括尊重自己和尊重他人。尊重自己就是在各种场合不卑不亢，自重自爱，维护自己的人格、权利、名誉。大学生只有自尊，才能赢得他人的尊重，才能发展健康的人际关系。

第二，互惠原则。互惠原则就是要求人们在人际交往中考虑双方的共同价值和共同利益，满足共同的物质和精神需要，使彼此都能从交往中得到实惠。作为一名受过高等教育的大学生，应当积极追求这种助人为乐的思想境界，从而完善自己的人格。

第三，理解原则。在现实生活中，人由于性格、禀赋、生活背景等的不同会产生思想上的隔阂，这是很正常的。人与人之间之所以能求同存异、和睦相处，是人们互相认同、形成默契、理解信任的结果。人们的交往时间越长，就越需要对方的理解，理解的程度是衡量人际交往质量的重要指标。在人际交往中，大学生要仔细了解他人的处境、心情、特征、好恶、需求等，根据彼此的情况，主动调整或约束自己的行为，尽量给他人以关心和帮助，多为他人着想。

第四，谦逊原则。谦逊有礼者，人们总是乐于与其交往；相反，狂妄自大者，人们往往避而远之。大学生在人际交往中，如果有豁达的胸襟，且谦虚谨慎，不骄不躁，就会有较强的亲和力。

（2）加强网络诚信建设

大学生在日常生活中使用网络的情况较多，尤其是在互联网时代，网络更是渗透在大学生生活的方方面面。在网络诚信的建设过程中，必须结合网络社会的本质特征，遵循现实与虚拟相结合的原则，立足于现实社会道德规范，引导大学生在网络活动中恪守诚信。

第一，制定相关法律法规。围绕网络诚信加强立法研究，建立健全相关法律体系。通过法律手段，保护知识产权，保证网络信用。

第二，加强网络诚信教育。网络行为的主体是用户，建议将网络诚信教育纳入国民诚信和道德教育体系中，让网络诚信深入人心。

第三，加强网站诚信建设。网站在网络诚信建设中扮演着非常重要的角色。践行网络诚信，需要网站严格履行诚信办网的责任，依法保护好网民的个人隐私，对于部分用户的网络失信行为要及时制止并采取相应的措施，大力宣传网络诚信的主旨和精神。

第四，加大舆论监督力度。对诚信网站及时通过互联网进行宣传，对失信网站则给予曝光。树立网络清风正气，加强社会监督，营造良好氛围。

3.经济诚信教育

人无信不立，大到治国，小到做人，诚信始终是安身立命的根本。诚信的作用不可小视。经济诚信作为社会诚信内容中的重要组成部分，与大学生的生活、学习息息相关。随着国际国内形势的深刻变化，大学生的日常经济活动也更加活跃。因此，为了强化大学生经济生活中的诚信意识，要净化社会环境，营造诚信氛围，高校要坚持诚信教育，建立完善的个人信用系统。另外，培养大学生的自立自强意识也是提高大学生在经济生活中诚信度的重要举措。

大学生的经济诚信，是指大学生在经济活动和经济关系中诚实守约、讲究信用的一种行为规范。例如，大学生在参与经济活动时遵循法律规范和商品交换规则。

（1）大学生经济诚信的要求

根据大学生经济生活和经济关系的内容，以及经济诚信的含义，大学生经济诚信的具体要求如下。

第一，在日常经济行为中坚持诚信原则。在商品交换活动中坚持商品的所有权属性，不妄取，不偷盗，不违背商品交易的基本诚信原则。具体包括：

购买学习及生活用具时足额支付货币;销售商品时按质按量进行所有权的转移;不以没钱为借口,故意拖欠学校学费;不在新华书店和公共图书馆偷走自己所需的书;不利用大学生身份向同学、熟人和其他消费者推销假冒伪劣产品等。

第二,信贷领域不随意违约。在以信用作为支撑的信贷领域,信守合同,不随意违约。具体包括:向老师和同学借钱后要按约定归还;根据国家社会助学贷款的政策期使用贷款,并按照约定准时、足量地偿还;按照信用约定进行消费等。

(2)大学生经济诚信意识的培养

诚信既是大学生的道德名片,又是大学生走向社会的通行证。诚信教育越来越受到高校和社会的重视。信用既是市场经济准则,又是个人道德水平的一个标志。

第一,加强信用经济知识的教育普及。专业化的信用教育是围绕信用管理的专业知识进行的系统化教育,培养的是信用管理行业的专门人才,但目前这个具有时代特征的专业在我国高等教育中还属新兴专业,尚处于起步阶段。倘若高校不对大学生进行信用管理等专业知识的教育,势必会影响信用管理人力资源的开发和使用,进而影响我国的信用管理水平。为此,教育部门应加快信用管理专业的发展和信用人才的培养步伐。

第二,培养正确的理财观,树立科学的理财意识。大学生是一个特殊群体,他们没有稳定的经济来源,却又有一笔稳定的"收入"。这笔"收入"或是由家长支付,或是由国家助学贷款提供。但是如何科学、合理地支配这笔"收入",对于大学生来说似乎是一个深奥难解的问题,特别是当代大学生普遍存在消费问题,如消费无计划、消费结构不合理、相互攀比等,因此必须培养大学生正确的理财观。

对大学生而言,学会消费、理财与掌握科学文化知识同样重要,树立正确的消费观,培养正确的理财意识,懂得怎样的消费理应成为将来社会生存的必备技能。

4.择业诚信教育

大学生的择业诚信，是指大学生在制作简历、投递简历、参加面试、单位签约、履行协议等一系列求职过程中能够本着诚实守信的原则，诚实地向用人单位展现个人的学习成绩及实际能力，同时严格履行合约、践行合同。

随着近年来高校的不断扩招，大学生毕业人数增加，面对有限的就业岗位，大学生就业更加艰难。为达到用人单位对人才选用的招聘条件，现实中出现了大学生私自篡改成绩、虚构个人经历、伪造荣誉证书等失信行为。因此，加强大学生择业诚信教育具有十分重要的意义。

（1）对择业诚信教育的解读

择业诚信不仅影响着大学生的职业理想、职业目标及实践等，而且对大学生在择业过程中是否信守承诺起着关键性作用。

从道德品质建设来看，大学生择业诚信是其重要的一个方面，大学生即将离开"象牙塔"，走上社会，诚实守信作为大学生的通行证，将直接影响到社会整体道德素质水平。

从高校教育来看，当前大学生择业诚信问题越来越受到社会各界的普遍关注。解决当前社会择业诚信缺失这一问题，必须从学校教育入手。通过对大学生就业中失信现象的列举、失信原因的分析，以及对大学生失信危害性的论述，对大学生进行有效的择业诚信教育，帮助大学生树立正确的择业观。

大学生择业诚信将直接关系到市场经济的道德秩序，因此构建大学生择业诚信道德体系是十分必要的。大学生择业诚信既是一个道德领域的问题，又是一种社会现象；既是高校应关注的教育课题，又具有重要的经济学意义。

（2）择业诚信教育的必要性

加强大学生择业诚信教育，不仅对于规范就业市场秩序、促进大学生职业发展、加强校园文化建设等具有现实意义，还可以对社会诚信建设起到示范作用。

第一，大学生择业诚信是适应社会主义市场经济的道德要求。诚信不仅是一种道德规范，更是一种理性选择。在大学生就业市场中，毕业生的一些不诚信行为会给就业市场带来负面效应。假学历、假证书、假工作经历等的泛滥，使得不少用人单位需要通过打电话或去学校询问相关教师等方式求证毕业生的在校表现，这无形中拖延了招聘的时间、增加了招聘的成本。毁约、违约行为的发生，导致用人单位不能如期招聘到合适的人才，再加上毕业生不诚信行为造成的各种劳动合同纠纷，正常的就业市场秩序被扰乱。只有毕业生和用人单位都遵守诚实守信的原则，诚信招聘、诚信求职，才能建设公平健康、有序和谐的就业环境，才能真正维护双方的利益。

第二，大学生择业诚信是加快大学生职业发展的主观要求。诚实守信不仅是毕业生应该遵守的基本道德品质，同时也是大学生进入职场的通行证和敲门砖。大学生在就业过程中之所以会出现种种不诚信的现象，究其原因是大学生职业成熟度不高、缺乏系统的职业规划。

大学生在求职的各环节诚实守信，真实展示自身的能力和素质，能够使用人单位充分了解自己，判断自己是否符合其需求。同时，毕业生这种真实的展示更利于其长远的职业发展。只有诚实守信，才能找到真正适合自己能力的职业，真正做到人尽其才。

求职过程是大学生步入社会的必经之路，也是关键的一步。在这个过程中，大学生要树立正确的求职理念，自觉做到做老实人、说老实话、办老实事，通过诚实守信获得就业机会。大学生如果求职不诚信、弄虚作假，一旦被用人单位发现，就很难保住就业岗位。因此，必须加强大学生择业诚信教育，帮助他们养成正确的求职理念，这样也有利于规范求职市场。

第三，大学生择业诚信是社会诚信建设的必然要求。大学生作为社会文明的传播者、创造者，作为思想道德和文明行为的示范者与引导者，无疑是社会主义精神文明建设的中坚力量。大学生的形象历来备受媒体及社会的关注。大学生代表的不仅仅是自己，而是整个大学生群体，以及大学生背后的高校。当前大学生不诚信现象虽说只是少部分、是个别行为,但这种个别不诚信行为很有可能引起企业对整个大学生群体的负面印象,甚至是对该校非毕业生群体的否定。这种否定不仅影响着下一届学生的求职成功率,还影响着该校在社会中的名声和荣誉。所以,大学生应始终如一地践行诚信理念,避免陷入信用危机。

（3）提高诚信意识,为成功就业做好准备

大学生择业诚信意识的培养是一项长期、艰巨的任务,大学生诚信认识的提高、情操的陶冶、意志的锻炼,需要社会各方面的共同努力。

择业是大学生与用人单位双方相互考查、评价的过程,择业成功是双方对评价结果予以认可的体现。在择业过程中,用人单位首先接触的是大学生的思想道德素质,集中表现在大学生择业的诚信态度上。大学生只有具备高度的诚信素质,在择业过程中表现出诚信态度和行为,才能使用人单位看到一个真实的求职者,进而客观地了解和把握大学生的状况和特长、弱点,决定取舍以及工作岗位分配。

大学生要如实向用人单位展示自我。大学生择业诚信的规范要求,主要依据大学生就业活动的特点、传统的诚信要求,以及国家颁布的《普通高等学校学生管理规定》等来制定。毕业生就业活动是一个包括简历制作、面试、签订履行就业协议等一系列连续活动的过程,由此可以将当代大学生诚信择业的要求概括为以下方面。

第一,个人简历的内容要实事求是。简历是毕业生向用人单位自荐的材料,是让用人单位充分了解毕业生的基本素质和能力的主要载体。简历制作的好坏在很大程度上决定着用人单位是否给予毕业生面试机会。因此,大学生择业诚信首先要求大学生提供给用人单位的个人简历是实事求是的。具体要求就是在简历中客观、真实地介绍自己的年龄、学习成绩、取得的各种资格证书、获奖情况、参加社会实践活动情况和任职经历等。这是大学生诚信择业的最基本要求。

第二，面试过程不妄言，更不说假话和谎话。面试环节是毕业生就业活动的中间环节，也是毕业生面对面地向用人单位展示自身能力和素质，以及用人单位全方位了解毕业生能力和素质的环节，还是决定毕业生择业成功与否的关键环节。在面试过程中，大学生应做到不妄言，更不能说假话和谎话，这是面试环节的基本要求。虽然各用人单位的面试方式、面试程序和面试环节各不相同，但实事求是地回答面试官的问题，不自我吹嘘、不夸大自己的能力和优点，更不为取悦用人单位或误导用人单位（让用人单位误以为求职者符合单位招聘条件）而说假话和谎话，这些都是面试过程中的基本诚信规范。

第三，不盲目签订就业协议，不随意毁约。签订并履行就业协议是毕业生就业活动的最后环节，是毕业生和用人单位基于对对方的充分了解和认同，在双向选择的基础上达成共识，确定录用与被录用关系的环节。这一环节是就业活动中最为严肃的环节，一旦签订协议就具有法律效力。因此，在这个环节中，对诚信的要求不仅包括道德方面的，还包括法律方面的，大学生在这个环节必须严格要求自己，慎重签约，遵守和履行协议，不能随意毁约。

二、"互联网＋"背景下大学生诚信创业的途径

（一）推进诚信教育和诚信创业相融合

诚信教育一直贯穿于教育体系，但在具体的创业环境中，有诚信意识但行动并不诚信的事情常有发生。想要提高大学生互联网创业诚信教育的针对性和实践性，就要在大学生创业的整个阶段，即创业前期、中期和后期三个阶段，结合创业项目特点，进行创业诚信教育。

1.提高创业诚信意识

大学是一个受教育者进入社会的过渡场所，大学生思想从单纯走向成熟，但容易受外界干扰。在大学生创业初期，学校要对创业项目是否道德作出评价，

对不道德的、违背了诚信原则的创业项目，应及时阻止。要对创业项目作出相对准确的可行性分析，尤其是在启动资金预测、市场调研等环节，以防止创业后期因资金不足和市场评估过高等问题而"被失信"。还要督促创业者了解并学习与创业项目相关的互联网规则、行业规则和相关法律，以防止因不熟悉法律法规而产生失信行为。

2.践行创业诚信理念

多数大学生在创业中期会遇到相似的问题，业绩不佳者，要么停止创业，要么寻找"捷径"；业绩优秀者，或多或少会产生浮躁心理。在大学生创业中期，学校需要引导创业者通过社会实践将诚信意识转化为诚信行为，鼓励创业者多参与社区服务、志愿者服务、社会捐助等公益活动；加强创业项目与优秀企业的合作，这样既可解决创业资金紧张问题，又可借助优秀企业中层、高层人员的指导，排除创业项目潜在的失信危险；加强对创业学生的指导，让创业者通过正当途径解决问题。

3.升华创业诚信效果

大学生创业后期，是升华创业诚信效果的阶段，也是创业诚信教育的可持续发展阶段。大学生互联网创业，与传统的商人有一定差异，作为高素质的社会群体，其诚信品质能引领良好的商业道德风尚。在创业后期，要继续对大学生创业者的诚信情况进行跟踪，强化其社会责任意识，让创业者更好地实现自我价值。

（二）完善诚信创业监管体系

1.制定评价标准

大学生对创业的态度是积极的，但大部分大学生创业的目的还是偏向于物质财富和眼前利益的获得，对提高自身能力及实现自我人生价值的认同度不高，认知的偏差会导致其在创业过程中出现诚信危机。学校创业业绩考核不能再重结果、轻过程，重当前、轻未来，重数量、轻质量，而是要将创业的影响力、贡献力和发展力纳入考核体系。

家长在鼓励子女创业的同时，也要时刻给他们正确的创业引导，不要以是否盈利为唯一评价标准，应该更多地看到子女在创业过程中的成长。

2.建立诚信档案

诚信与否关系到大学生互联网创业的成败，建立个人诚信档案和诚信追踪制度，完善诚信监管体系，能提升大学生创业的诚信度。

学校应建立创业学生个人诚信档案，将其道德品行诚信、学业诚信和工作诚信等放入诚信档案。通过诚信档案可以从侧面了解创业者的基本情况，以便对其创业诚信进行有针对性的跟踪与指导。家庭应熟知子女在日常生活中的诚信表现，若子女有失信行为，应注意提醒；一旦发现子女在创业过程中有失信行为，应及时与学校联系，形成共同监管体系。社会及政府要拓宽举报渠道，加大各方监督力度，将创业诚信记录纳入专门的诚信创业平台及个人诚信档案。

3.落实奖罚制度

正面的引导、教育和实践只是大学生创业诚信的一个方面，大学生的创业诚信更多地取决于大学生的自律行为，如有相应的失信处罚制度，提高失信成本，也会提高大学生创业的诚信度。学校除了对创业业绩优秀者进行表彰和宣传外，对诚信创业者更应表彰和宣传，不仅在政策上作相应倾斜，还要将他们的优秀创业事迹作为正面示范案例。对因失信而创业失败者，在保护个人隐私的前提下，也要将他们的经历做成反面案例，通过正反案例对比，弘扬诚信创业品质。

家长除了在子女面前守好诚信底线之外，在与子女谈心的过程中，要善于发现并纠正他们创业过程中有可能出现的失信行为，并对于创业失信行为给予批评，而对于诚信创业的行为，则应给予肯定和赞赏。

社会及政府对大学生这一批互联网创业的主力军，不仅要给予相应的优惠政策，还要开一些处罚"红灯"，对不诚信的互联网创业者"零容忍"。加大创业者的失信成本，有助于促进未来经济的健康发展。

作为未来经济发展的主力军，大学生创业的诚信问题必将是一个重大的系统工程。只有引导大学生坚持诚信创业，进一步优化人才队伍结构，才能促进新商业文明的健康和持续发展。

第二节 "互联网＋"背景下大学生创新创业教育与专业教育的融合

一、融合的必要性

（一）提升人才培养质量的需要

高校作为创新创业人才培养的重要基地，目标是培养适应区域经济发展需要和服务于社会需求的高素质、应用型人才，同时培养大学生的就业竞争力和激发其发展潜力。在"互联网＋"背景下，培养专业、双创一体化的复合型人才，实现专业教育与创新创业的有机融合，是高校提升人才培养质量、推进高等教育综合改革和促进大学毕业生高质量创业就业的重要举措。虽然国家制定了许多利于"双创型"人才培养的政策、制度，但是这些政策、制度目前尚未形成体系，致使许多高校的"双创"教育没有明确的目标导向，也没有形成一套利于"双创型"人才培养的合理的人才培养模式。

（二）完善课程教育的需要

在"互联网+"背景下，部分高校的教学安排多以专业学习为主，德育为辅。专业创新课程设置单一，趋同化严重，重专业理论，轻创新创业实践，创新创业课程及实践教学在专业课程中占比较低，创新教育并没有融入专业教育中，未能体现出专业特性。

在平时的课堂教育教学中，双创教育只是德育课的一小部分，在总体学时数中占比较低，任课教师时常一笔带过。双创课程和专业课程未能得到有机融合，相互渗透。尤其在日常的专业教学中，一些专业教师较关注专业课程的内容，没有将创新思想、创业理念融入专业内容，没有给学生传授双创内容，也没有及时更新教学内容，使得双创教育和专业学科的学习不对应，教学结构单一。因此，高校在进行创新创业教育时，必须完善相关课程，利用"互联网+"技术，将创新创业教育与专业教育融合起来。

二、融合时存在的问题

（一）对双创教育认识不足，理念落后

所谓"双创教育"，指的就是创新创业教育。创新创业教育作为一种教育模式，很多学者对其进行了深入研究。笔者认为，创新创业教育是一种面向所有学生、面向未来的教育思想，其根本出发点是培养学生的事业心、创造与创业精神。

受传统观念的制约，部分教师的双创意识落后，缺乏双创思想。这反映在教学实践中即创新创业教育未能与专业教育相融合，创新创业教育与专业教育关联度不大，创新实践在专业教育中的普及率低。一些教师对学生的培养目标不够明确，甚至忽视了对学生创新创业能力的培养。至于对双创教育本质的探

讨，一些教师习惯偏向于理论研究和科研，忽略了教育的产出质量和社会效益。还有一些教师对协同双创教育的战略意义认识不够充分，不能深入理解其精髓，这些都妨碍了对大学生"双创"能力的培养。

（二）双创教育的课程设置不科学

很多高校在课程设置上依然沿用之前的模式，创新创业教育与专业教育被分开设置，课堂使用的创新创业教材也只是泛泛而谈的基础理论，专业课的学时数和学分数远远超过创新创业教育课。教师在课堂传授知识的过程中，把绝大部分精力放在了专业课上，而忽略了创新创业教育。还有的高校只是简单地把创新创业课程设置为一门选修课程，创新创业教育顺势变成了部分教师和学生的"课外兴趣"，这使得创新创业的教育和教学被边缘化。

（三）双创教育的师资队伍建设不完善

高校的教学目标、人才培养、课程设置、实践教学等都以教师为主导。教师在培育学生综合素质方面发挥着重要作用，是提升学生创新创业能力的重要力量。

在很多高校，专业双创师资队伍的力量薄弱，教师整体素质和教学能力还有待进一步提高。创新创业课程的授课教师只是由主管学生创新创业的管理人员担任，很多老师不清楚创新创业教育的政策和制度，没有形成创新创业意识。授课教师对专业双创教育的积极性不高，专业师资力量不足。不少教师缺乏创新创业教育理念和经验，在专业课程的传授中未能融入双创教育。

（四）专业与双创融合的机制不健全

在"互联网+"背景下，大多数高校的双创教育，通常由一个单一的行政管理内设机构，如就业指导处来具体负责创新创业教育的组织与管理，而专业教育则是由教学院系或思政课部等来承担。这样一来，创新创业教育与专业教育就分属于两个不同的管理部门。由于不同管理部门的管理方式存在差异,专业教育和双创教育目前还未建立起较完善的融合机制,创新创业教育与专业教育之间存在管理制度和机制的融合障碍。同时,很少有学校设立学生双创能力评价机制,关于双创能力的统一考核评价和激励体制则更为少见。在期末考评时,相关教师通常根据个人印象,简单地给个分数,草率了事,这在很大程度上制约了学生的全方位发展。

三、融合的原则

在"互联网+"时代,大学生创新创业教育日益成为现代社会经济发展和技术创新的重要推动力,成为培养创新型人才的新的载体和有效途径。创新创业教育是推动教育改革和提升教育质量的关键举措。全面深化对地方高校专业教育与创新创业教育融合路径的探究,对促进国家高等教育改革与创新型人才培养有着重要意义。关于大学生创新创业教育与专业教育的融合,高校要清楚自身的学科优势,并将此优势应用到大学生创新创业教育中,融合各方力量来培养学生的创新能力与专业技能,提升学生的综合素质,相关工作人员要经过长时间的探索和实践,设计出合理科学的融合体制。

大学生创新创业与专业教育融合发展的原则主要有以下两个。

(一)适应性原则

第一,高校将创新创业教育措施融入专业人才教育的过程中,在实现培养专业人才的同时,将创新理念、课程设置、学分评价等融入教学方案中。

第二,大学生创新创业教育与专业教育课程的融合是创新创业教育的重点,其中,课程内容、上课时间和任课教师都要相互适应。

第三,大学生创新创业教育与专业教育的融合,要重视创新创业教育的实践性。要将创新创业教育的课外实践与专业教育的课内学习相结合，将理论应用于实践。

（二）需求导向原则

大学生创新创业教育与专业教育是高等教育不可或缺的两个组成部分，培养高水平的专业人才，既要注重专业知识的教育，又要培养他们创新的能力和勇于实践的精神，因此大学生创新创业教育与专业教育缺一不可。高校应遵循需求导向原则，使二者进行有效的融合。

第一，高校应该积极寻找改革的有效方案，创新人才培养策略，在满足专业知识培训的同时，科学地将大学生创新创业教育理念融进课程中，从而有效提升教学质量。

第二，经济的发展要求更多具有创新创业能力的高层次人才，这一社会需求要求高校把培养学生的创新精神与专业理论教育相结合，努力提高人才的整体水平。

四、融合的路径

（一）加强顶层设计，创新管理体制

高校要全程化、全方位、多角度地对创新创业教育进行科学规划和具体落实。这个过程需要教学、学生管理、就业等诸多部门协同配合，将创新创业教育引入专业教育培养的各个环节。学校还要鼓励师生开展创新创业实践活动，将创新创业教育成果纳入新的绩效考评体系之中，激发学生学习的积极性。

在管理机制上，指定具体职能部门协同管理。对于创新创业教育，有些高校出现多个职能部门，如教务处、学生处、招生与就业处、团委等多头管理的混乱局面，看起来是多部门协同，实则没有统一的制度和明确牵头的部门。学

校应该形成统一领导、齐抓共管的新格局：学校层面成立学校创新创业领导小组，由校长担任组长。成立创新创业学院，协同学校各有关职能部门为创新创业工作分门别类地提供精准服务，各部门分工明确、各有侧重。例如，教务处要做好创新创业课程体系建设和教育教学工作，团委要做好创新创业竞赛工作，招生与就业处要做好学生创新创业孵化园建设工作等，形成合力，保障创新创业教育有效实施。

此外，创新创业教育的良好开展离不开适度的激励机制。对教师而言，可将创新创业课程纳入其年度任务课时量，设立奖项，纳入职称评审制度等，提高教师积极性；对学生而言，可组织"挑战杯""创青春"等创新创业类竞赛，设立创新创业类奖学金，激发学生的创新创业意识，调动学生的创新创业热情。

（二）深化教育改革，完善师资队伍

促进创新创业教育与专业教育的融合发展，在转变教育理念的基础上，还要加快课程体系与教育教学内容改革。高校要改变传统的课程结构和教学内容体系，对创业教育与专业教育资源进行整合，以提高学生综合素质与能力为核心，构建综合性的课程结构与教学内容体系。在开展创业教育时，要坚持以专业教育为根基，坚持专业教育的主导地位，创新职业指导教育与创业教育课程的内容和形式，在引导学生掌握扎实的基础理论知识的同时，强化学生的创业素质和职业素养。

高校要提升创新创业教育教学质量，就要构建以"双师型""实践型""辅导型"导师为主的多层次师资队伍，形成包含专业教师、创业理论导师、创业实践导师、创业咨询师在内的多层级专业型师资队伍，并完善导师数据库平台。为解决师资不足的问题，可采用专业教师与创业理论导师交叉培养方式，形成"双师型"队伍；针对创业实践导师，可采取聘用方式，以企业师资、校友企业导师为主，形成专业实践与企业初创实践为主要内容的两大导师群。同时，注重多渠道、分层级的导师队伍培养与建设。通过邀请创业导师、创业咨询师

培养项目入校，为学校理论导师进行专场授课；选派创业理论导师参加高规格学术交流会议和师资培训会议等，鼓励教师投身创新创业教育教学理念和方法的研究，为创新创业教育的发展提供保障。

第三节 "互联网＋"背景下大学生创新创业教育新模式

一、新模式的创新方向

（一）创新"创新意识＋网络理念"的课程设置

在"互联网＋"背景下，开展大学生创新创业教育，首先要从课程体系入手，促进传统专业教育与现代创新创业实践的融合，为学生提供更加务实可行、贴近实际的教学指导，这样才能真正发挥出创新创业教育的价值和作用。

另外，在创新创业课程体系中要适当提高学生动手实践课的比例，提升实践课在课程体系中的重要地位，定期开设创新创业实践研讨会。在具体的教学课程设置中，应当为学生专门设置物联网、新媒体、大数据等课程，使学生更加深入、全面地了解现代创新创业的环境与需求，避免在毕业后盲目投资或者盲目创业。即使是传统的创业课程，也要结合"互联网＋"技术进行课程改良或者优化，特别是要重点关注关乎年轻人自主创业的相关政策法规，为学生提供可靠的、实用的创新创业教育知识。

（二）深化"传统教材＋网络资源"的内容设计

在"互联网＋"时代，关于大学生创新创业教育模式的构建，转变理念是根基，内容改进是关键。对于绝大多数大学生来说，他们学习和掌握知识的重要途径就是教材，以及由教材延伸出的辅助书籍，如果教材内容过于僵化或者陈旧，学生习得的知识可能会与社会现实相脱节，从而不利于未来创业的实践与发展。因此，高等院校必须依托传统的创业教材，结合网络资源进行内容方面的优化设计，教师也要充分发挥自身的能动性，帮助和引导学生利用互联网资源进行自学，不断推动教育资源的创新和深化。例如，在指导学生了解社会创业环境时，教师可指导学生在网上浏览一些相关行业龙头企业的发展现状，以及小微企业的运转情况，通过对比判断大学生自主创业的可行性和成功率，以及创业后如何发展壮大或者吸引投资。

（三）完善"线上平台＋线下课堂"的形式安排

目前，许多高等院校都已经构建起自己的网络平台，收集了大量的教育教学资源，并借助平台推动开展网上教学、网上竞赛、网上评比等各种活动。通过构建专业的、系统的创新教育平台，整合教育教学资源，可以对高校的人才培养体系进行不断的完善。大学生创新创业教育需要为学生提供社会实践的机会，通过校企合作或者毕业实习等方式，让学生到企业中亲身体验，帮助学生提高创新创业的能力。在"互联网＋"时代，许多行业都不再以传统的方式呈现，企业与员工之间的联系也不再局限于办公场所，不少小微企业以及互联网企业都采取线上办公、网上交流的方式，突破了传统创业和就业的格局。因此，高等院校的创业教育也必须坚持与时俱进，借助学校的网上平台为学生提供参与创业或者模拟创业的空间，使学生切身体验到互联网创业的艰辛与风险，同时也能够感受到新创业形式的魅力和前景，从而更好地适应社会创新创业的客观需要，提升自身的创新创业水平。

二、新模式的构建策略

（一）以网络教育平台构建线上教学模式

网络教育平台的应用是"互联网＋"时代大学生创新创业教育的最基本模式，也是教育界运用网络开展线上教育和教学的重要方式。高校通过构建和完善网络教育平台，可以为学生提供更加系统的创业教育指导，丰富课堂教学的形式和内容，增强教师与学生、学生与学生之间的互动，从而有效提高课堂教学的质量和效果。大学生的线上教育，通常需要依托高等院校的官方网站或者专门设置的网络教育平台，也可利用行业内已经比较成熟的在线教学 App，或者通过微信、抖音等线上通用社交平台。

在线上教学实践中，教师既可以采取传统的教育模式，如带领学生共同研读教材中的理论知识和参考案例，也可以使用现代化的教育方式，如组织学生进行分组讨论，或者运用 PPT、短视频等进行多媒体教学。而通过网络教育平台，教师可以在方法上加以创新，实现对传统教育模式的突破，同时也能为学生提供更加丰富多彩的教学课程，激发学生的兴趣和活力，从而更好地发挥"互联网＋"的作用。例如，教师可以借助直播软件的弹幕功能，让学生在研读教材知识的同时，以弹幕的形式发表自己的观点或看法，或是在平台交流自身在社会实践中感受或者体验到的创业问题与建议。

（二）以虚拟仿真技术构建实践教学模式

以 VR 为代表的虚拟仿真技术，是"互联网＋大数据"运用的重要体现，也是现代教育教学和设计展示等领域的重要方式。在大学生创新创业教育中，高等院校最大的弊端在于时间和空间的有限性。一般情况下学校只能够为学生提供一段时间的社会实践或者实习教育，通常在一个月至三个月之间，并且由于学生的实践经验与社会企业的工作需求往往不相适应，大多数学生在企业进行实习时只能够了解到企业运行和管理的基本知识，甚至可能只是负责复印材料、端茶倒水等事务性工作，难以真正了解企业的创业思维和创业举措，对于学生毕业后的发展意义不大。通过虚拟仿真技术的应用，学校和教师可以将社会实践中的真实场景，以虚拟情景的方式展现给学生，让学生更好地学习和实践，从而切实提升学生在创新创业方面的参与度和实践力，促进学生综合能力的有效提升。

在具体的创业实践中，学校可以结合学生所修的专业课程及社会相关行业的发展现状，为学生量身定制相应的虚拟仿真创业教育课程，让学生扮演一名新生代的创业者，在面对各种复杂的政治、社会、经济问题时，尝试运用在课堂上习得的知识加以应对，带领虚拟的企业、部门和员工共同作出决策，对企业进行管理，从而不断提升学生的创新创业实践水平。除综合性的创业管理外，学校还可以根据专业特点，将一些大型的专业机械、设备以虚拟仿真的方式展现给学生，让学生运用虚拟仿真设备进行相关的实验和操作，切实解决传统课堂教学难以实现的实验教学目标。例如，对于汽车制造专业的大学生，学校可以模拟设置一整套关于汽车设计、制造、销售的虚拟仿真软件，让学生运用软件、发挥自己的想象力和创造力，通过研究市场需求和行业态势，在软件上设计并制造出一款汽车，并统筹规划汽车的预售、广告、销售、售后服务等活动，全方位地感受现代创业的氛围。

虚拟仿真技术在创新创业教育方面的应用，最大的优势在于可复盘。相对于无法重置、一旦犯错甚至无法挽回的现实实践教学，虚拟教学可以给学生提供更多的创业机会，使学生在探索和体验创新创业活动时不再束手束脚，敢于将自己的想法表达出来，还可以运用视频回放、数据回溯等技术，对之前的成功经验或者失败经历进行复盘，不断改进和优化自己的创业理念、思维与方法，从而促进学生创业能力的不断提升。

（三）以线上创业竞赛构建创新教学模式

在大学生创新创业实践中，激烈的市场竞争关系着创业成败。与长期奋斗在创业和守业一线的企业家相比，大学生的社会经验非常少，对于社会竞争的激烈性和社会现实的残酷性还没有切身的体会和领悟，在求学过程中较少经历失败或者挫折，因而抗压能力不足。大学生创新创业教育不能仅仅满足于提高学生的智商和情商，也要致力于增强学生的抗压能力，使学生既能够积极努力争取创业的成功，也可以坦然面对创业过程中的挫折和失败，而创业竞赛无疑是帮助学生感受创业竞争的重要方式。

在传统的高等院校教育中，创业竞赛往往是通过作品展示的方式进行，也就是通过学生的创业设计、创业产品等结果性的作品，来判断学生在创新创业中的竞争力。这种竞赛不仅在范围上具有局限性，而且在过程上也具有局限性，竞赛成绩多依赖于最终的结果，对于学生在创业竞赛中的过程缺乏必要的关注。在"互联网＋"时代，高等院校可以借助网络和平台，在线上举行跨学校、跨区域甚至跨国家的创业竞赛，让学生有机会与更多的同学进行技艺切磋，还可以引入企业家、政府人员等作为评委。这样不仅能扩大创业竞赛的影响力，还能将创业竞赛从高校的"象牙塔"上搬下来，切实与企业生产相融合，增加竞赛知识的实践价值，让学生体会到大赛与未来就业的联系，形成更好的创新创业氛围。

除线上结果展示外，有条件的高等院校还可以为大学生创新创业竞赛研发专业性的软件或者系统，让大学生从创业设计开始就全程在线上平台进行操作，将其创业作品的设想、设计等过程展现给其他受众，使创业竞赛由结果导向逐渐变为全程导向，使教师、学生以及企业家能够在学生创新创业的过程中发现其独特的优点或者长处，为学生的创业教育提供更加精准的指导，同时也可以更加全面地开展创新创业教育考核评价，使学生的综合素质得到立体化的展示。

从教学实践来看,学生的创业作品能够引起企业家或者创业家关注的并不多,但学生在完成创业作品过程中展现出来的创新理念或者创新灵感,往往会被业内专家认可,甚至引发共鸣。"互联网+"背景下的创业竞赛教育将会为学生提供更多的创业和融资机会,真正为学生创业带来机遇。

第六章 "互联网+"背景下国内大学生创新创业教育实践

第一节 北京航空航天大学创新创业教育实践

北京航空航天大学开展创新创业教育是以培养学生的创业意识和创新精神，向学生传授创业知识、提高学生的创业技能为宗旨的。为了实践这一理念，北京航空航天大学从组织、制度、师资三个方面构筑了完备的创新创业教育保障体系，并结合创新创业人才培养体系、创新创业教学体系、创新创业实践体系建立了三位一体的创新创业教育实施途径。

一、三项举措构建完备的创新创业教育保障体系

（一）多部门联手，提供坚实有力的组织保障

强有力的组织保障、健全的机构设置、合理完善的领导体系是大学生创新创业教育得以有效实施的必由之路，是建成多层次、立体化、全方位创新创业人才培养体系的必要保障。

北京航空航天大学的创新创业教育受到校领导的高度重视，并专门成立了

创新创业教育领导小组、创新创业教育专家组和创业管理培训学院等组织和机构。北京航空航天大学的创新创业教育由领导小组主抓，具体工作主要由创业管理培训学院负责，各专业院系、教务处、学生处、就业指导中心、团委、大学科技园等部门协同承担。

北京航空航天大学的创业管理培训学院是一个负责全校创业教育的顶层设计与组织实施的集管理与教学于一体的单位。创业管理培训学院除需完成与创业相关的教学和科研外，还承担向全校推广创业教育、管理创业教育，以及开展学生创新创业实践活动的职能。学校自上而下的统筹规划和统一领导增强了各院系、部门之间的工作协调性，确保了创新创业教育工作的顺利开展。

（二）制定鼓励政策与措施，提供制度保障

北京航空航天大学在课程设置、师资配备和大学生自主创业方面制定了灵活、高效的激励政策和保障机制，健全了过程管理制度，营造了有利于创新人才培养的环境。

首先，完善课程设置与师资配备的管理机制是保障创新创业教育顺利开展的必要条件。教务处大力支持开设创新创业教育相关课程，由创业管理培训学院、就业指导中心以及其他部门联手推动创新创业课程的设置与教学工作。学校各职能部门和专业院系都非常重视创新创业教育，优先安排优秀教师讲授创新创业教育课程。此外，学校对聘请校外创业导师给予大力支持。

其次，制定激励措施，鼓励学生自主创业。学校允许在校生保留学籍、休学创业，并且对于一些比较成熟的创业项目给予必要的创业孵化资金资助和政策指导。

（三）建立"三业"导师制度，完善师资保障机制

具有创新精神的、优秀的创业师资队伍是培养创新型人才、有效实现创新创业教育目标的必要保障。在目前创业师资力量薄弱的情况下开展创新创业教

育，应充分挖掘各专业领域教师在创新创业教育方面的潜能，组织学生辅导员和职业指导教师参加与创新创业指导相关的职业技能培训，扩大创新创业指导师资队伍；另外，聘请经验丰富、责任心强并且热心创新创业教育事业的社会各界人士担任创业导师，这样不但可以缓解现有创业师资匮乏的问题，而且有助于提高职业指导教师的能力。在这一理念的引领下，北京航空航天大学创立了"三业"导师制度，即在现有创业导师制度的基础上，依托各专业院系现有师资，建立学业、职业和创业相结合的导师队伍。

首先，充分发挥学业导师在创新创业教育中的作用。培养各专业院系的教师成为学术型与实践型相结合的"双师型"人才，承担创新创业课程的教学任务，并使其在对学生进行学业指导的同时，结合专业知识，对那些有创业意愿和潜力的学生进行创业方面的指导。

其次，培养创业团队指导教师。组织学生辅导员和职业指导教师参加与创业指导相关的知识和技能培训，扩大创业指导师资队伍，为创业团队提供"一对一"陪伴式的创业辅导，提高创业指导工作质量。

最后，聘请成功的企业家和正在创业的本校毕业生担任创业导师。具有成功创业经验的企业家对大学生进行指导可以起到激励和引导作用，而处于创业阶段的本校毕业生的经历则可以使大学生更加有亲近感，明白创业并不是遥不可及的。

二、三位一体构建全新的创新创业教育体系

（一）全员覆盖与分类培养相结合的创新创业教育培养体系

广义的创新创业教育包含三个层面的意思：首先是培养学生具有创新意识、开拓精神和批判性思维；其次是培养善经营、会管理，具有突出组织、协调和交流能力的人才；最后是培养具有丰富的创业知识和高超的创业技能，能

够创办企业的未来企业家。北京航空航天大学根据创新创业教育的不同层次和学生发展的不同需求，建立了全员覆盖与分类培养相结合的创新创业教育培养体系。

创新创业教育面对的群体是所有学生，即"全员覆盖"，在此基础上还要根据不同学生的具体需要，进行分类培养和指导。对于有创业知识需要的学生，开设系统的创业课程，满足其在创业基础知识方面的需要；对于有创业想法的学生，由创业指导教师就项目的可行性、资源需求、创业团队、开办方式、创业风险等方面的问题进行个性化指导，提供解决创业难题的思路和途径；对于有创业项目的学生，除了提供项目咨询、指导外，部分项目经过评估论证，由"双实双业"基地或"大学生创业实践基地"提供场地、技术、管理、运营等方面的孵化支持；对于起点高、规模较大的创业项目，则可指导其进入大学科技园，由大学科技园参与投资和经营管理，也可指导其到社会上整合资源，创办企业。

（二）特色鲜明、大胆创新的创业教育教学体系

北京航空航天大学将创业教育作为创新型人才培养过程中贯穿始终的理念，与知识教育、专业教育融为一体，以专业教学为主渠道，培养学生的创新创业能力和素质。创业教育作为与传统教育不同的一种理念，在教学过程中从课程设置、教学方法、评价方式等方面进行了改革和创新。

在课程设置上，既以通识课程的形式面向全校学生开设公共选修课，又深入各院系开设专业知识与创业知识、技能相结合的课程。目前，已经开设的通识课程有创业管理、创业概论等。此外，各专业院系还开设有专业性很强的创业课程，如生物工程创业、艺术创业等。

在教学方法上，采取传统的讲授法与案例教学、课堂讨论、分组教学、参观访问等相结合的方式，以此激发和培养学生的求知欲和创造力，使教学过程成为师生互动的双向传导过程。

在评价方式上，建立能力本位的发展型、多元化、过程性的教学评价机制。对传统的、单一的闭卷考试进行革新，采取多元化的考评方式；要求学生撰写阶段性的课程学习心得；要求学生自选案例，在指定时间集体研讨并撰写案例分析报告；以某一章或者某一节为依据，学生以小组为单位起草创业计划书。

在实践教学环节，依托创业管理培训学院建立"大学生创业实践基地"和"大学生创业实训基地"，依托互联网开发"创业之星"等大学生创业模拟软件，使学生在虚拟商业社会中完成企业从注册、创建、运营到管理等所有决策，从而有效地将所学理论知识转化为实际动手能力，提升学生的综合素质，增强学生的实践能力。

（三）依托基地的创新创业教育实践体系

北京航空航天大学科技园充分整合各方资源，联合学校研究生院、招生就业处、学生处、团委等单位，共同成立了"双实双业"基地。该基地为北京航空航天大学有创业意愿的学生提供免费的创业场地，旨在鼓励大学生自主创业，并提供政策、技术、管理等相关方面的咨询和服务。

北京航空航天大学还设立了"种子基金"平台，为技术创新项目和科技型创业企业提供权益性资本，直接参与创业过程并负责具体实施。针对该平台，北京航空航天大学科技园成立了投资指导委员会与投资项目部，对拟投资的企业进行深入调查，编写投资建议书，确定孵化基金的投资方案，最终以股权投资的方式进行投资。

为提高学生的创业实践能力，北京航空航天大学已经成功举办了若干届"科技园杯"和"冯如杯"创业计划大赛，以此遴选更多优秀的创业项目，培养高素质创新创业人才，推动科技成果快速向生产力转化。

第二节　中国人民大学
创新创业教育实践

中国人民大学创新创业教育模式有自己的特点。该校是最早参与全国大学生创业计划竞赛的学校之一,在"互联网+"背景下,学校结合学科特色和教改实际,把创新创业教育融入素质教育,把重点放在培养学生的创业意识、传授学生创业知识、提高学生创业素质上来。中国人民大学以学生整体能力和素质提高为侧重点的创新创业教育模式,对人文社科类高校或者高校人文社科类专业开展创新创业教育有着借鉴意义。

一、开展多种形式的创新创业教学活动

为了更好地进行创新创业教育,中国人民大学众多优秀教师为全校学生开设了创新创业教育相关课程,学生可以根据自己的兴趣、爱好选修。另外,这些课程还可以在相关慕课平台上找到,方便学生多次回放学习。此外,中国人民大学与中国青年报社等单位合作举办了全国大学生创业论坛,积极邀请专家介绍创业活动的理论、历史和案例,邀请创业成功人士讲述创业技能和自身经历。最近几年,中国人民大学还举办了数十场各类大学生创业报告会,增强了大学生创业的信心。

二、开展与实践结合的创新创业活动

为了把创新创业教育与提高学生素质结合起来，中国人民大学团委积极推动了"青春导航职业设计"活动，邀请部分企业人力资源管理部门的负责人开展培训、模拟等活动。同时，学校还邀请了在创业活动中取得不错成绩的校友，向学生讲述创业活动中的主要问题、经验教训和心路历程。

此外，为了给学生提供实践机会，校团委会同管理学院举办了"管理之星"大赛。该大赛面向首都高校征集创业计划，并邀请知名人士作指导，给各个创业方案作点评。"管理之星"大赛一方面给学生提供了一个模拟实践平台，激发他们的创业意识，另一方面也为人文社科类高校开展创新创业教育探索了一个新思路。为了给学生提供更多的实践机会，中国人民大学结合"西部志愿活动"和"北京周边区县挂职"等活动，选拔一批学生作为青年志愿者，支援西部和北京周边区县的建设。

中国人民大学作为最早参与"挑战杯"中国大学生创业计划竞赛的高校之一，积极宣传和组织学生参与创业计划竞赛。学校曾特别安排商学院创业教育中心有关教师，结合学生的专业特点，制定出相关创业辅导方案，使学生能够制定出更好的创业计划。

第三节　上海交通大学
创新创业教育实践

上海交通大学是一所具有创新创业基因的学校。自1999年开始，学校就持续推进创新创业教育，积极探索构建研究型大学创新创业教育模式。2002年，上海交通大学等高校被列为教育部首批创业教育试点院校。2009年，上海交通大学成为上海首批创业教育试点高校。2016年，上海交通大学入选全国首批双创示范基地，获评全国创新创业典型经验高校和全国首批深化创新创业教育改革示范高校。在"互联网+"背景下，上海交通大学持续推进创新创业教育，通过线上线下相结合的方式为学生普及相关知识，进一步推动大学生创新创业教育的落实。

一、打造高素质师资队伍，突出教学实战性

学校专门聘请创业校友、创业名家担任创业导师，以亲身的实践经验讲述现实的创业历程，深度剖析行业发展脉络，加深学生对创业概念和规律的理解。同时，学校还对创业领域的导师作了创业导师与创投导师的细分。其中，创业导师侧重分享创业经历、创业挫折的克服方法，以及创业过程中的心理压力调节方法；创投导师侧重总结行业领域中的创业规律。创投导师本身未必有创业经历，但是他们往往在创业项目投资过程中深度了解某些行业，掌握了企业的运作规律，这些都是创新创业教育中的生动素材，能够增强创业教学的实战性。

2014年，在首届"创青春"全国大学生创业大赛决赛中，上海交通大学选送6支团队参赛，获5金1银，以团体总分第一名的优异成绩获得2014年"创

青春"全国大学生创业大赛冠军。在 6 支创业团队中，核心创始人为研究生的团队占 80%，在教师、创业导师、创投导师三支师资队伍的指导下，研究生成为科技创业的生力军。

二、建立创业加油站，打造创业练兵场

上海交通大学把校园内一部分鲜有人光顾的书报亭改造成创业加油站，面向全校学生进行创业项目招标。入选的创业项目团队以书报亭为场地，把自己的创业想法落地实施，同时学校根据创业项目的质量和评审专家的意见，给予一定的资金支持。在创业加油站的管理运营中，学校采用优胜劣汰的办法，定期进行考核，考核不合格的团队退出创业加油站，投标答辩中获得票数次之的团队依次递补进入。

自 2015 年 4 月创业加油站启动以来，申请入住的研究生创业团队络绎不绝，招标现场答辩火爆。创业加油站的建设，不仅营造了校园的创业氛围，而且为学生提供了把创意转化成创业行动的场地，推进了创业教育课堂教学和动手实践的统一。

三、开展创业见习，夯实教学内容

研究生的创业教育不再拘泥于课堂，而是可以参与到企业核心团队中，零距离接触核心团队运营，与创业大咖并肩同行，实实在在炼就一块未来职业发展的"真金"。参加暑期创业见习的研究生获得不少于两周的创业见习岗位锻炼，在见习期间接受经验丰富的创业导师专项指导，为自己今后创业打下基础。2016 年，上海交通大学首次尝试开展创业见习，大批优秀企业汇聚，提供了近 400 个创业见习岗位。这一举措有效帮助参加创业见习的研究生夯实并拓展了

创业课堂的教学内容，深化了他们对创业的认识。

四、联合地方政府，促进项目落地转化

2015年4月，"零号湾——全球创新创业集聚区"成立，与上海交通大学闵行校区一街之隔，极大地方便了上海交通大学师生就近开展创新创业活动。据统计，2016年入驻零号湾的学生创业团队有113支（每年学生创业团队毕业后可自动转化成校友团队），其中以研究生为核心创始人的团队超过70%，涉及在校研究生500人次。

第四节　西安交通大学创新创业教育实践

西安交通大学实行专业教育和创业教育相结合的人才培养模式，通过突出"宽口径"教育和"多出口"就业"两手抓"，鼓励学生个性发展，培养学生的创新思维，激发学生的创业潜能，让学生有更多的自主发展空间。

一、转变创新创业教育模式，提高创业素质

西安交通大学的毕业生自主创业者所占比例很小，创业存在的问题与困难主要是创业教育不够，学生普遍缺乏创业风险意识，对创业的困难认识不足，缺乏克服困难的心理准备。针对这些实际问题，西安交通大学首先从创新创业

教育模式入手，在加强学生专业教育的同时，加强学生创业教育，建立创业教育课程体系，在职业生涯规划方面对大学生进行引导，在创业经营管理方面对大学生进行基本知识层面的培训，在创业实践方面对大学生进行扶持指导，形成"课堂教学、名家讲座、课外实践"相结合的创业教育体系。

（一）课堂教学

将大学生职业发展与就业指导纳入全校选修课，创业教育作为该课程的一个模块内容，从态度、知识和技能三个层面使学生了解创业的基本知识，培养学生的创业意识与创业精神，提高学生的创业素质与创业能力。该课程是在原有创业课程"小企业经营谋略与技巧——大学生创业指导"的基础上设立的，该课程是在全国高校首开的创业类选修课，注重实用性，深受学生欢迎。

（二）名家讲座

所谓"名家讲座"就是邀请成功的大学生创业者和优秀企业家为学生讲述其创业过程，创业时遇到的问题及解决的办法。西安交通大学举办的创业讲座有"成功创业从实习开始""创业人生的感悟""谁把我推进了鳄鱼池？"等。创业者的讲授，丰富了创业教育的教学内容，开阔了学生的视野，激发了学生的创业激情。此外，西安交通大学还从大学生个人成长、行业动态和未来发展的角度，以广泛吸纳社会精英的开放姿态，为大学生聘请职业规划导师，让大学生从成功者的成长经历中得到启迪，帮助大学生树立正确的创业观。

（三）课外实践

西安交通大学为在校大学生免费开放大学科技园、大学生创业园、大学生创客空间等校内创新创业实践平台，开展专业化孵化服务。

二、搭建创业教育基地，营造创业环境

此前，西安交通大学设立国家级人才培养模式创新实验区——创业教育基地。为建设好创业教育基地，培养大学生创业意识、提高大学生创业能力，西安交通大学采取有效措施，成立创业教育的专门机构，建立健全运行机制和保障机制，做好"六个结合"：一是促进创业教育与人才培养的结合；二是促进创业教育与就业指导服务"四化"的结合；三是促进创业意识和创业技能的结合；四是促进创业教育和创业实践的结合；五是促进激情创业和理性创业的结合；六是促进创业教育与完善政策环境的结合。

创业教育基地通过教学活动和实践活动相辅相成的双驱动创业教育模式，以期全方位提升学生的创业素养，建立以成功范例为激励，以创业基金为辅助，以专业师资为后盾的创业孵化中心，通过学校的信息服务和关联企业的友善扶助，创造出适宜学生创业的沃土。

西安交通大学还成立了大学生科技创业实习基地，由创业孵化区、技术服务区和培训展示区等主要区域组成，通过整合各方优势资源，开展创业教育和培训，接纳学生实习实训，促进学生创业就业，为提高高校人才培养质量，实现以创业带动就业提供支撑和服务。目前，该基地入驻创业团队近 20 个，行业分布广泛，经过一年的孵化和培育，已有 18 个创业团队成立了具备独立法人资质的企业，进入创业的新阶段，被教育部、科技部认定为首批"双实双业"基地。

三、模拟职场竞争环境，激发创业意识

为积极响应国家以创业促就业的号召，西安交通大学加大对学生创业竞赛的投入力度，通过各类创业竞赛营造"职场竞争"环境，在竞争激烈的赛场上激发学生的创新潜能和创业意识。对于各类创业比赛等课外活动，西安交通大

学精心组织、深化实践。部分专业教师被邀请参与到第二课堂创新创业教育环节，针对部分学生的规划与参与情况进行指导，为学生创业打下基础。近年来，学生创业团队在质量和数量上都有明显提高。

另外，西安交通大学建立健全全校性大学生创业活动体系。一方面，通过举办"创源"科技学术论坛等高水平科技报告和讲座等活动，激发学生的创业热情；另一方面，进一步完善品牌群众性科技活动的动员和宣传方式，扩大活动的覆盖面。校级"腾飞杯"创业计划大赛就是很好的例证。一批优秀的创业团队从校内的"腾飞杯"学生创业计划大赛中脱颖而出，相关项目经过进一步的完善，在省级、国家级甚至全球性的创业竞赛中屡获佳绩，得到了各种创业基金的资助，为创业项目进一步市场化提供了有力支持，极大地提高了学生的创业能力和就业竞争力。

四、开辟创业绿色通道，孵化自主创业

大学生的创业意愿强烈，但实际创业动能不高，其原因是创业精神和创新意识较差，资源获取的能力不强。西安交通大学在开展创业知识教育的基础上，为学生搭建实践平台，在已有创业中心的基础上，依托校友创办的企业建设创业实践基地，帮助学生获得实际的工作经验，提高学生的实践能力。

早在 2002 年，西安交通大学就设立了大学生创业中心，为有志于创业活动的学生提供沟通信息的场所。目前，西安交通大学的大学生创业中心已建成一套有一定开放性的科学运行体制，建立了一支从事大学生创新素质研究和创业活动指导的稳定的教师队伍，在孵化大学生创业团队、进行创业知识和技能培训，以及加强对外交流方面发挥了重要作用。

参 考 文 献

[1] 陈审声.基于"互联网+"视角下的大学生创新创业教育[M].北京：冶金工业出版社，2019.

[2] 陈延良.系统论下基于创客空间加强大学生创新创业教育的对策研究[J].学校党建与思想教育，2018（16）：55-57.

[3] 崔静怡，樊玉华.校企协同模式下大学生创新创业教育研究[J].新教育时代电子杂志（教师版），2019（48）：140-141.

[4] 丁一轩.探析当代大学生创新意识培养[J].中国新通信，2018,（1）：195.

[5] 段辉琴，陆俊.大学生创新创业精神培育路径[J].继续教育研究，2017（2）：16-18.

[6] 方伟，刘锐.中国大学生创业素养研究[M].北京：中国青年出版社，2021.

[7] 宫法明.就业视域下的大学生创新创业教育[J].教育与职业，2016（22）：61-62.

[8] 黄思羽，徐占东.大学生创业特质对创业动机的影响研究[J].价值工程，2020（8）：187-189.

[9] 金晓燕，钱合激.高校创业教育促进大学生创业团队知识共享有效性的思考[J].继续教育研究，2013（7）：96-97.

[10] 李健睿，李琪.大学生创新创业支持平台建设[J].企业经济，2020（9）95-101.

[11] 李其峰.大学生创新创业教育实施路径分析[J].中国商论，2017（28）：182-183.

[12] 李士晓.大学生创新创业能力培养研究[J].学校党建与思想教育，2017

（6）：48-49.

[13] 李艺潇，葛婧茹，李杨，等.大学生创客教育的实践探索[J].学校党建与思想教育，2019（16）：76-78.

[14] 李毅，刘许，刘晨露，等.大学生创客团队创造力影响因素模型构建与实证[J].现代远程教育研究，2022（1）：82-91.

[15] 刘波.高校创新创业与专业教育的耦合机制研究[J].中国成人教育，2017（12）：68-71.

[16] 刘广.大学生创新创业支撑体系建设研究[J].科技进步与对策，2015（23）：151-155.

[17] 牟永川.高校大学生创业团队体验式培养模式的构建[J].前沿，2011（24）：245-247.

[18] 彭杜宏，余捷婷，刘电芝.大学生优胜创业团队互动过程特征[J].心理科学，2009（2）：504-506.

[19] 石萍萍.大学生创新创业教育的问题及对策[J].教育与职业，2016（24）：59-61.

[20] 宋晓宇，王成科.高校大学生创新创业教育的思考与实践[J].继续教育研究，2017（10）：31-33.

[21] 宋妍，王占仁.论当代大学生创新创业价值观的引领[J].国家教育行政学院学报，2017（11）：52-57.

[22] 宋艺文.高校大学生创新创业能力培育路径研究[J].中国商论，2021（12）：185-187.

[23] 田红星.大学生创新创业教育模式研究[J].中国商论，2019（12）：251-252.

[24] 王飞，徐占东，顾瑜婷.社会网络对大学生创业机会识别的影响研究[J].黑龙江高教研究，2015（9）：145-148.

[25] 王飞.加强大学生创业团队科学管理的路径研究[J].现代教育科学（高教

研究），2013（6）：52-56.

[26] 王洪才，郑雅倩.大学生创新创业能力测量及发展特征研究[J].华中师范大学学报（人文社会科学版），2022，61（3）：155-165.

[27] 王晋辉.论当代大学生的诚信教育[J].职业技术，2012（11）：42-43.

[28] 王鸣.创业教育视域下大学生创业精神培养研究[J].黑龙江高教研究，2014（10）：122-124.

[29] 王琦.创业精神培育：大学生创业教育工作的核心[J].中国成人教育，2017（4）：85-87.

[30] 王晓晔.大学生创业团队建设探究[J].教育与职业，2013（15）：106-108.

[31] 王雪，王建虎，王群利.高校大学生创客教育研究热点及其趋势[J].科技创新与生产力，2020（11）：27-32.

[32] 王艳华.校企协同育人模式下大学生创业创新能力培养研究[J].知识经济，2019（5）：136-137.

[33] 魏萍.团队精神视角下的大学生创新创业教育[J].中国高校科技，2016（12）：85-86.

[34] 许馨苓.大学生创客教育模式设计研究[J].企业科技与发展，2017（2）：122-124.

[35] 张华.基于三态支持视野下的大学生创客教育探析[J].中国职业技术教育，2016（19）：81-83.

[36] 张剑峰，高绪秀.对大学生学习型创业团队模式的初探[J].中国成人教育，2011（21）：70-71.

[37] 张捷.大学生创新创业能力培养的策略研究[J].中国商论，2021（6）：90-91.

[38] 张巧.大学生创新创业教育的实施策略[J].江苏高教，2016（3）：120-123.

[39] 张睿，潘迪，张雨.大学生创客教育平台建设路径研究[J].思想理论教育（上半月综合版），2016（6）：89-94.

[40] 张雁鸿.高校大学生创新创业激励机制[J].教育与职业,2020(1):64-68.

[41] 赵海峰.大学生创业教程[M].上海：上海交通大学出版社,2019.

[42] 赵会利.高校大学生创新创业教育体系研究[J].中国成人教育,2016（13）：29-32.

[43] 朱昌平,谢秀坤,赵超慧,等.团队模式下大学生创业能力培养的探索[J].高等工程教育研究,2015(3)：33-37+82.

[44] 朱鑫铨.大学生创新创业教育的模式分析和路径选择[J].继续教育研究,2015（9）：18-19.

[45] 曾文雄.新媒体环境下高校艺术类大学生创客教育实施路径探析[J].传媒观察,2018（9）：86-91.